优秀的人，都有一段孤独时光

[日]斋藤茂太——著
杨素宜——译

国际文化出版公司
·北京·

图书在版编目（CIP）数据

优秀的人，都有一段孤独时光 /（日）斋藤茂太著；杨素宜译．-- 北京：国际文化出版公司，2022.7

ISBN 978-7-5125-1401-0

Ⅰ．①优… Ⅱ．①斋… ②杨… Ⅲ．①散文集－日本－现代 Ⅳ．① I313.65

中国版本图书馆 CIP数据核字 (2022)第 010909号

SHIAWASEWO YOBU KODOKURYOKU by Shigeta Saito

Original Japanese edition published by SEIHOUDO Corporation

This Simplified Chinese edition published by arrangement with SEIHOUDO Corporation
Tokyo, through HonnoKizuna, Inc., Tokyo, and Future View Technology Ltd.

优秀的人，都有一段孤独时光

作　　者	[日]斋藤茂太
译　　者	杨素宜
统筹编辑	兰　青　张其欣
责任编辑	戴　婕
出版发行	国际文化出版公司
经　　销	国文润华文化传媒（北京）有限责任公司
印　　刷	三河市华晨印务有限公司
开　　本	787毫米 ×1092毫米　32开 7印张　140千字
版　　次	2022年 7月第 1版 2022年 7月第 1次印刷
书　　号	ISBN 978-7-5125-1401-0
定　　价	49.80元

国际文化出版公司
北京朝阳区东土城路乙 9 号　　邮编：100013
总编室：（010）64271551　　传真：（010）64271578
销售热线：（010）64271187
传真：（010）64271187-800
E-mail：icpc@95777.sina.net

前言　孤独是一种幸福

大家都误解了“孤独”。

“独自一人”的时间是非常宝贵的。因为，那正是能够好好正视自己、只为自己着想所度过的时间。所以，一个人独处的时光也可说是“创造自我的时间”。

能够利用这个如此宝贵的时间来增强自己的力量，同时好好活用这股力量，让自己活出“真正自我”的人，正可谓是拥有“孤独力”的人，也是对自己充满自信，能够迈向名为“幸福”的成功人生者。

独处的时候，试着将整个人完全放松，好好思考吧——没有可以让自己真正敞开心胸、畅所欲言的朋友？没有遇到能够彼此真心相爱的恋人？在怨叹这些事情之前，请先试着认真想想：什么是“一个人”吧！

著有《独自一人的太平洋》等著作的名作家堀江谦

一，曾一人在波涛汹涌的荒海上，与孤独奋战过。他坦承道："老实说，真的很孤单、很寂寞。但我觉得，那种孤寂是会习惯的——是总有一天一定能够承受得住的。"

堀江的意思应该就是指，等到能够承受且忍耐独自一人的孤寂时，最后也可能成为享受孤独的人。

在空无一物的太平洋上，任谁都会感到孤独。而那些总爱逞强说自己不怕孤单的人，其实全都是害怕寂寞的吧。既然如此，不如尽情地好好享受孤独，让这份孤独成为自己的好伙伴。

就算被讨厌又有什么关系呢？不要因为无法忍受遭到同伴排挤的孤寂，就总是看别人的脸色过日子，而放弃自己想做的事。请以最真实的自己悠然自得地过着属于自己的人生。

也不要小看自己，去发掘隐藏着无限可能的自己吧！只要能把那份孤寂转化为"孤独力"，就能看见那条通往幸福的大道。

一旦拥有"孤独力"之后，还有另外一项好处，那就是，"个人的独特光芒"也会随之增强。无论是自己的弱点还是强项、优点也好缺点也罢，从头到尾、彻彻底底去认识最真实的自己，同时将这些都转化为正向能量，个人的独特性也会更加显著。如此一来，旁人也无法忽视你。所以，拥有“孤独力”的人，他人都会自然而然聚到他们身边。

和朋友在一起之所以会感到快乐，就是因为每个人都是独立个体之故。

认为恋人无法由别人取代，也是因为在他／她身上有着只属于他／她自己的灿烂光芒的缘故。

只要拥有“孤独力”，就一定能够散发出只属于你自己的光芒。

目录

第二章 /029

孤独的价值

第三章 /073

拥抱孤独，才能拥抱好的关系

第四章 /117

如何精致地独处

第五章 /173

让孤独成为幸福

第一章

人为什么会感到孤独

孤独源于无人理解

各位读者在什么时候会感到孤独呢？

“一个人独处的时间”即如字面所述，意思就是独自一人。这个时候当然会希望身边有人陪，对吧？那是因为想要寻求他人的安慰。那么，只要有人陪在身边的话，真的就不会感到孤单寂寞了吗？绝对没那回事！

的确！如果彼此是真正心灵契合，或许就能与孤独绝缘。但人际关系并非能够如此简单顺心。人与人之间，只要内心齿轮稍有不合，人类就会尝到如同被抛弃的寂寞感，或是无法和大家分享自己心情的痛苦，等等。所以，比起一个人独处，跟别人在一起的时候所感受到的孤寂应该更深，不是吗？

比如，因为“我那么替你着想，为什么你都不懂我的用心呢”而感到焦躁不安；又或是因为“都没人愿意听我说！为什么总是要排挤我”的状况，感到疏离。

独自一人时的孤寂，绝对是来自活在“他人”世界里面的“自己”，或是由于自己的感受不被重视、说的话遭到反驳，成为大家攻击的箭靶等状况下产生的。也就是说，通常会深陷于独自一人时的孤寂，和自己身边有没有人陪完全无关，反而是因为有“他人”存在才会如此。换言之，孤寂是从期望得到别人理解自己的想法中衍生而出。那也完全只是因为觉得别人没有依自己的心思意念行事，所以认为遭到背叛罢了。“我是那么为你着想，所以你应该要报答我。”“大家应该体谅我的想法，倾听我想说的话才对！”如果在内心某处隐藏着这类以自我为主的想法，当事情无法如愿，就会感到孤寂伴随而来。但话说回来，那些愿望原本都是强人所难。请试着想想自己是否会依照别人所想来行动呢？还是想根据自己所思来做事呢？

我常常都对那些因为希望别人依照自己所想而行动、对于他人的过度索求而感到烦恼不已、深陷孤寂的患者说：“能够依照自己所想而行动的，只有自己，别人绝对不会凡事都依我们所愿，爽快地舍弃那种希望别人能够了解自己心情的想法吧！试着单纯地希望将自身的想法传达给他人，努力和别人交往看看吧！

“如果能够做到这点，就能够达成希望传达出自己想法的这个最大心愿，也能因此感到满足。无论对方的反应如何，都不会再感到寂寞或难过了。假使原本就不抱任何期待，但最后能和对方达成共识，那么所产生的喜悦感就会倍增。”

强烈地“希望能传达自己的想法”并努力传达，比起担心别人能否了解自己更为重要。至于对方到底是否可以理解自己想要传达的？会有什么反应？就单纯期待答案出现即可。这样不是很好吗？

因为别人无法了解自己，就陷入毫无意义的孤寂里，只会使自己人生的根基动摇，好比将自己人生的舵交托在他人手上。在意他人的存在以前，先想想自己真正要做的是什么吧！——这也是将孤独转变成力量的诀窍之一。

给“孤独”的一句话

无法找到内心的平安喜乐时，即使追求外在的平安喜乐，终究也只是白费力气而已。

——拉罗什福科

热闹与孤独

听说有不少年轻人在下班后，或是与三五好友去吃喝玩乐后的回家途中，会像被明亮的灯光所吸引的飞蛾那般，踏进便利商店里。

我本身几乎没有在深夜去过便利商店，但曾听过一位年轻女性说：

“倒也不是真的有需要买的东西，可是每当回过神，就发现自己已经在便利商店里东找找、西看看了，而且还经常这样。稍微环顾四周后，还意外发现，在里面闲逛的人真是不少……不知道大家是不是都不想回到只有自己一个人住的房间才会这样？还是太喜欢人群，所以不知不觉就聚集在便利商店？或许我们自己也是一样吧。但总觉得，便利商店里的每个人看起来都很寂寞的样子。虽然可以稍微感到安心，但要说，只要有很多人在，寂寞的心就能够得到抚慰的话，就不是如此了。反而，只会觉得更寂寞。”

我大概能够了解这女孩的想法。独自一人时会感到寂寞的人，或许真的会不知不觉地钻进人群中，但那样只会让自己更清楚地意识到“我真的是孤零零的”，而感到更加寂寞。

哲学家三木清说：“孤独并非在深山里，而是在街道上。孤独不是在一个人的时候，而是在人群之中。”便利商店或许就是三木清所说的“人群中”这个象征性的空间吧。若真是如此，那么因为孤寂而不自觉进入便利商店的那些人，这个举动才是真正招来孤寂的主因。若无须购买东西，就别绕道去便利商店，直接回家吧！利用多出来的时间做自己喜欢的事，反而更有意义，也不会浪费时间与金钱。

事实上，排遣孤独所产生的欲望，会造成许多不必要的额外浪费。好比说，男人去酒吧喝酒，女人想要吸引他人注意而大费周章地打扮，追根究底来看，说不定都是因为感到孤寂所致。

光是想象那每晚聚集在便利商店内的年轻族群，我不禁觉得，便利商店就好比孤单者的捕蛾灯。

孤单者应该是因为想从那个名为“孤寂”的黑暗深渊中脱身，才会像成群聚在夜晚灯光下的小飞虫那样，从四面八方不断地聚集在便利商店的灯光里。看来是独自一人生活的人似乎不想回到住处的心情作祟之故。

曾有人表示：“真的很讨厌踏进黑漆漆的房间的那一瞬间，没有明亮的灯光，也没有人会跟我说‘欢迎回家！’，那种寂静真的很难受。”于是，虽然没有想看的节目，但仍然会不自觉地打开电视。

而到底该怎么做，才能摆脱那样的想法呢？事先准备好会让自己想早点回家的东西，就是方法之一！比如，漫画或推理小说、音乐等，这样就行了。

偶尔不妨试着为独自在家的夜晚时分，设定一些独特的主题，例如：为了要当上IT企业界老板的拟订伟大未来计划之日，或是选一部电影，将电视机切换到静音，自己随兴配音，当个“一日之星”。

也就是说，不要将整日的疲惫带回自己一个人住的房间里。先从脑海里将日常生活的情绪，转换到非日常生活的世界里去，以这样的心情迎击空虚。

如果你现在正感到孤寂，那么就更应该加倍珍惜，把握这个仅属于你自己的时间。

给“孤独”的一句话

在这个世界上，再也没有比置身于人群之中，却又得孤独生活更可怕的事了。

——茨威格

分别与孤独

和重要的人分离的时候，心就好比突然破了个洞似的，寂寞且难过。

在我活过的九十个年头里，也经历了无数次痛苦的分离，其中有些经历也曾让我久久无法走出。当强烈意识到孤独时，就别再勉强自己做任何事，试着暂时放下一段时间，毫无顾虑地沉浸于孤独之中。如果过度忍耐，最后极有可能会变成压力而罹患忧郁症。所以，在那种情况之下，最重要的，就是不要强迫自己努力去忘记已经离开的人了。因为越想忘怀，就会越忘不掉。

“我们曾经有过这些点点滴滴呀！”反而应该要试着像这样，仔细地想过一遍与那个人之间的回忆后，就能够接受“现在那人已经离我远去，从我的日常生活中消失了，所以，现在的我是一个人”这样的现实。同时，心情也可以重新启动，独自一人再次出发的活力也会涌现出来。要是无法面对分离的事实，就会迟迟无法从“如果他／她可以在我身边就好了”或是“和他／她一起度过的时光真的好快乐”等这样的回忆中走出来，饱受孤寂的折磨。

一个二十多岁的女孩跟我分享了她“有些痛苦的回忆”。

那是在她高中二年级的夏天所发生的事——和她从初中起就是同班的好友转学了，因此原本一直都是“超级要好的二人组”就这样被拆散。

“好寂寞、好孤单……班上同学都有自己的小团体，我就这样被孤立了。所以，每天我都打电话给那个好友哭诉。那样的日子持续了将近一个月左右，后来，某一天，我那位好友也稍微抱怨了一下。她说：‘我也是啊！因为是转学生，到现在都还交不到朋友，我也觉得很孤单。

能像这样跟你打电话聊天，真的很开心。可是，你不觉得，我们都在聊以前的事情吗？感觉很像老人。你不希望我们能够有新的快乐话题可以聊吗？我们现在已经不是同班同学了，也差不多该要学习独立，去交新的朋友了吧？在能够尽情聊这些事之前，我们暂时都要忍住，先别打电话了吧！’

“瞬间，有如当头棒喝，我清醒过来，意识到她和我已经不在同一班的事实。同时，也惊觉自己这样每天打电话给她，她应该也觉得很困扰。老实说，当时觉得自己遭到拒绝，真的很受伤。但我也认同她说的，好好地反省了一番。其实我自己也已经厌烦老是聊以前的事情了。

“因此，我终于告别了内心的孤独，积极地和班上其他同学说话。之后，我才知道，好像是我看起来很不开朗，大家都不知道该怎么跟我开口说话。接下来的日子里，在不知不觉中，我也成了某个小团体的成员，和他们成为死党。”

她也提到，因为有了这种经验，而学会了“轻松说再见”。

和高中的友人分开，上大学时和家乡父母分开，男女朋友分手，因调职要和自己所尊敬的上司告别，与退休同事分开……虽然到目前为止的人生已经经历过不少别离，但她说每次都会以高二那年夏天的事作为教训，告诉自己：“先‘复习’回忆吧！”用这种回忆过往的方式让自己完全沉浸在孤独里，尽情享受寂寞后，再告诉自己：“那个人已经不会出现在我今后的日常生活里了！”

当然，这并不是说今后和这些重要的人再也不相往来。这些重要的人只是消失在往后的日常生活中而已。若和这些重要的人不是永久的离别，日后还是要记得利用机会，偶尔见见面、通个电话或用邮件联络等来维系感情。

二十世纪法国的画家玛丽·罗兰珊，在《镇静剂》这首诗中写道：

比被抛弃的女人更可悲的，是无依无靠的女人。

比无依无靠的女人更可悲的，是被赶走的女人。

比被赶走的女人更可悲的，是死去的女人。

比死去的女人更可悲的，是被遗忘的女人。

我们都希望，与自己亲密度过某个阶段的重要人士的往来，能够细水长流。但只要稍微怠惰，就会变成如这位画家所说的“最可悲的女人”。相识是离别的开始。而在我们有限的生命里面，总有无数个邂逅正等候着我们。好好地挥别和重要的人曾经共同度过的往日时光，然后也好好地与现在正处于同一个环境中的人，彼此真心关怀，创造美好未来——独自一人的时间，就是道别和问候之间的桥梁。

顺带一提，有人说只要坚信“一定能够遇见很棒的人”，每天这样告诉自己，这个愿望终究会实现。但我们不能只当一个“爱做白日梦的人”。倘若没有付诸行动以寻求邂逅，这个目标是不会达成的。

不妨就先到电影院或美术馆、剧场、球场、竞技场、演讲会场等自己喜欢的地方去吧！在那里一定会遇见和自己谈得来的人。当看到一位一直站在自己也非常喜欢的画前的女性，就轻松自在地面带微笑对她说："我也很喜欢这幅画呢！"

有些人就是利用这样的机会，有了一段美好的邂逅。又或是，看到别人忘在沙发上的东西，立刻将它送回主人手上；看到别人辛苦地提着东西时，顺手帮一下忙。在类似场合下，微不足道的亲切小举动，会造就很好的机会。

小小的亲切是沟通的开始，就鼓起小小的勇气，尝试看看吧！

给"孤独"的一句话

一个人没有朋友固然寂寞，但如果忙得没有机会面对自己，可能更加孤独。

——罗兹

合群与孤独

还记得丹麦童话作家安徒生所写的《丑小鸭》吗？误入鸭群里的小天鹅，因为长得和其他小鸭不同而惨遭欺凌。最后，连“丑小鸭”一直认为是亲生母亲的鸭妈妈也抛弃了它，所以它只好离开鸭群，到外面的世界去。但即便如此，这只“丑小鸭”依然过着多灾多难的日子。

某一天，从小被欺负到大的“丑小鸭”差点冻死在池塘时，一位农夫把它救了起来。但因为“丑小鸭”无法坦然地接受农夫的温柔关怀，觉得自己“又会被欺负”，因此上演了一场暴动事件后，逃离了农夫的家。故事的结局是，长大之后的“丑小鸭”发现，原来自己不是鸭子，而是美丽的天鹅。

关于“丑小鸭”的孤独，各位读者有什么感想呢？长大后再次阅读这篇童话故事，深感自己的命运宛如“丑小鸭”的人应该不少吧？没错，这个故事可以说是人类社会的缩影。因为只要是稍微与众不同、特立独行的人，总是比较容易遭到旁人的排挤或欺负。那些人在团体里都是孤立无援的，只能感伤地认为没有自己的立足之地，从而郁郁寡欢地度日。

然而，这世上没有任何两个人会是一模一样的，与众不同也是理所当然。因此，没必要为了迎合他人而改变自己，这样的努力毫无意义。

这类孤独感是源自“想要和大家一样”的想法。其实，可以带着“跟大家不同也无妨，我就是我，做自己心中理想的自己就好！”的想法，抬头挺胸、面对一切，心情就会变得非常轻松。只要像这样满怀自信，尽管被欺负或是遭到排挤，也不会感到自卑。一味迎合，只会丧失自我罢了。“与众不同”是意味着拥有自我独特的个性，而那也是自己的优点。

请重新审视自己，你会发现，所有的欺凌都会不可思议地渐渐烟消云散。成熟点，也自信些，回顾以往的自己就能慢慢了解，正是因为拼命地想变得和大家一样，才会逐渐失去自我，看起来没有自信，也让别人趁机欺负你，周遭的人可能会群起效尤。在意旁人的眼光，就会导致这样的结果。

丑小鸭由于孤身离开了鸭群，才得以看见更宽广的世界，也才能够累积到许多总是以群体行动为主的小鸭们绝对无法体验到的经历。若它不是天鹅，而真的是鸭宝宝，应该会一直待在鸭群内，到最后都无法认识真正的自己吧？从另一个角度来看，就是因为丑小鸭落了单，才得以确认自己的真正身份，不是吗？

事实上，对于要忠于自我、做自己这方面来说，孤独也是非常重要的，这也就是孤独的力量，我们在后续仍会谈到这点。

人类的力量是在真正认识“孤独”后，于独处的时间内慢慢酝酿而成的。顺带一提，据说，安徒生是将自己“迟迟无法一展长才，无法得到世人赞赏”的感觉，投射在《丑小鸭》这则故事里。或许是因为安徒生也深信“自己这只丑小鸭总有一天也会变成天鹅”，因此才能够创作出这部作品吧？

然而，是鸭子也好，天鹅也罢，只要认清自己原本的模样，即使身处其他不同“生物”族群里，也无须感到恐慌、不安。抬头挺胸，做真正的自己就好。如此，在不久的将来，就能散发出闪耀动人的专属魅力了。

生命与孤独

胎儿在母体内的姿势是双手环抱双膝、将头埋进双膝内、整个身躯蜷曲着。那姿势宛如用自身的体温安慰自己一人时的孤寂一样。每当我想起胎儿的这个姿势，就会深切感受到，打从生命开始的那刻起，就注定是孤独的。一定是因为这样，每当人类感到寂寞悲伤时，才会无意识地像胎儿似的，将身体蜷缩起来吧。

各位应该也有过这样的经验——饱受孤寂折磨时，在黑暗的房间里，环抱双膝啜泣着……但人本来就是寂寞的，任何人都是独自来到这个世上，独自生存下去，然后独自离开人世的，这是人类的宿命。

明治时代的文豪田山花袋说过："人类原本就是独

自一人来到世间，独自一人离开人世。也是因为身在茫茫人海中，才清楚意识到自己原来是孤独的。”这句话听来或许会令人觉得毫无疗愈效果，但非常重要的是，我们要完全认同并接受这个毋庸置疑的人生真理。只有明白孤寂的人，才能拥有战胜孤单的力量，同时温柔体贴地谅解和自己一样饱受孤寂折磨的人。

而从“人类是无法独自活下去”这相反的论点来看，也正是由于每个人原本就是单独的个体，才会有这样的说法，不是吗？正因为知道自己是孤独的，才能够理解别人、爱别人，互相携手共存。换句话说，世上的每个人都是“独自一人”的命运共同体，是一起共同生活的同伴吧。

态度与孤独

在上一篇提到的文豪田山花袋还说过一句名言：“能够忍受绝望和悲愁的人才是勇者。顺从命运者，谓之勇者。”

我深有同感。人类虽然会对自己是独自一人这事感到绝望、悲伤、痛苦，但却仍然能够忍受并克服这些，生存下去。我认为，这正是人生的美妙，也是作为人的美妙。不应被孤独带来的寂寞或悲伤埋没，而是要忍耐到底，并怀着“将孤独当作养分”的气势才对。

在此，也请各位读者仔细想想什么是“大家都是独自一人”。其实，答案就是“没有任何人能够代替自己”的意思。而这也是人类了不起的地方。

不管是男女老幼，大家都是独一无二的个体。怎么样？看到这里，是否觉得事实上“独自一人”是非常棒的事呢？请将自己就是独自一人、没有任何人可以取代的这点牢记在心，然后努力成为能够爱别人、与他人携手一起，为只有自己能够实现的美好人生而活的勇者吧！

“每个人都是独自一人的”，请认清并接受这个事实，唯有如此，“将孤独转变成力量”的心思意念才能发芽。恕我直言，“自己不是孤单一人”只是一种幻想罢了。只要被这种幻想束缚住，就无法忍受寂寞，会迷失自我，甚至会伤害别人。与此同时，爱别人、与他人携手共同迈进的幸福也会跟着溜走。

绝对不可以逃避自己是孤独一人的事实，这是避免内心被寂寞所侵蚀的最重要的心理准备工作。

当喜欢一个人的时候，往往会觉得那个人只属于自己吧？

法兰索瓦丝·萨冈[*]说：“有多么爱就有多么孤独。”意思是说，只要爱上一个人，人际关系就变成一对一的关系了。当为爱烦恼、为爱所苦，人类就会感到孤独。

给“孤独”的一句话

认识你自己。

——苏格拉底

* 法国知名女性小说家。

命运与孤独

工作出错被老板骂、朋友之间相处不融洽、和家人吵架、跟情人分手……人生有许多不顺心与不如意，当下就好比双脚陷入无底泥沼里般，即使努力想要让状况转好，但越挣扎只会陷得越深。“不管怎么做都是在唱独角戏，真的好累！”最后常会有一股这样的无力感袭击而来。

不知是否因为人类与生俱来的战斗本能，只要遇上困难，总会努力奋战。然而，若是以“凡事之所以不顺心，都不是我的错！一定要让大家知道这一点才行！”这种想法抗争，终究会变成孤立无援的战斗。而不管再怎么努力，只会招致周遭更大的反击，往往就会变成被孤寂纠缠而寂寞不已。

因此，这个时候应该要完全接受凡事不顺的事实，从自己身上找出原因，将这个原因当作出发点，才能开始进行更好、更有意义的奋斗。否则，所有的奋斗都只会成为无谓的努力。

作家桐岛洋子女士以前曾经分享过一段和这想法有关、令人相当感兴趣的故事。桐岛女士身为一名战地记者，不但经历过越战，且在媒体的第一线上活跃，同时她也是单身母亲，独自抚养了三名子女，在人生道路上勇猛果敢地向前迈进。但她却说："我是完全不努力的人喔！平常就是放松心情，让自己完全顺其自然。特别是在需要放手一搏的时候，更让自己处于完全放松的状态。"

这到底是什么意思呢？桐岛女士少女时期住在叶山（属神奈川县）的那段期间，每天都到海边游泳。她说："每次都是在跟海浪斗争。被海浪彻底打入海里，再被推回到岸边，嘴里满是沙土，几乎总是尝到这样不甘心的感觉。”

而某日，一股巨浪向她袭来。在完全无法抵抗的巨浪面前，她丧失了战斗意志，便心想：“顺其自然吧！”就这样放弃了与大海搏斗。却在那一瞬间，身体自然地浮起来了。巨浪轻轻地、温柔地将她环抱举起后，又再度将她放回海中。桐岛女士当下体会到：让身体顺其自然，自然而然地一切事情都会有最棒的处置。

于是，在那之后，桐岛女士就养成了在人生里所有的“海浪”中让自己完全放松，顺其自然，也就是，当碰到对自己不利的事件袭来时，往好的方向努力的习惯。

很棒的一段分享，对吧？我并非要大家完全忽视发生在自己身上的事，而是要完全接受，向前迈进。这就是桐岛女士所说的顺其自然。当无能为力时，莫急、莫慌、莫挣扎……沉着冷静地面对。如此一来，原本偷偷地向自己靠近的孤寂也自然会悄悄远离。

给“孤独”的一句话

自我存在。维持原本的自己就好。

——惠特曼

第二章

孤独的价值

孤独让人看清未来

这回，我们先来聊聊连续剧。

我看了日本放送协会（NHK）从二〇〇五年四月至十月播放的晨间电视小说连续剧《战斗吧！》（Fight!）后，深受女主角小优与孤独奋战的姿态而感动。

在此说个故事大纲。高中生小优因父亲工作上遇到问题，全家人的关系因此分崩离析，和朋友之间的相处也变得不太好，而陷入烦恼的深渊。再加上，她因为受伤，不得不放弃了自己最喜欢的手球，最终完全看不到自己真正的目标和梦想是什么。

其中，让她感到最伤心的就是友情问题了。她被死党伤得很重，甚至遭到排挤，尝尽了孤寂。但之后，换成了小优来伤害她的死党，使得那个好友孤立无援。虽然这让小优一直感到愧疚与不安，可她却也害怕着再次变成孤单一人的状态，所以仍是未能重拾这段友情。此时，小优也和大家一样带着手机，不断地互传短信、和朋友一起去自己完全不感兴趣的卡拉OK唱歌，勉强自己配合大家。

然而，小优终究无法忍受与朋友之间互相伤害，于是从某一天起就不再去学校了。在那之后，场景就换到小优妈妈工作的旅馆和马厩里，小优寻梦的故事也就此展开。

以结果来看，小优的选择是正确的。就是因为置身于没有朋友在旁的状态，才能够正视自己真正的心意，并且可以尽情去烦恼、迷惘。

在决定自己的未来时，“能够仔细反复思考自己想要做的事”这样的独处时刻是很重要的。否则，一不小心就有可能受到旁人影响，再次陷入以下这些情境：

“大家都以进入大公司为目标开始找工作，我也这样做！”

“大家都要结婚了，我也快点找个好对象结婚！”

“大家都在为提升自己能力进修，我也这么办吧！”

“大家都是自由一族，那我做这个也可以啊！”。

不过，这样的话，“我到底在做什么？”的空虚感迟早都会袭击而来。

“明明是自己的人生，但好像没有身在其中……”当无法感受到活着的真实，就有必要像小优那样，试着让自己孤独一次看看。不认真好好面对“自己将来到底想做什么？”的难题，是永远得不到答案的。反之，只要思考，答案就会出现。

为什么呢？

因为，能够透过日常生活中的“原来我喜欢这一类的东西呀！”“原来我适合这一方面的工作啊！”又或是“这一类型的话，我也能不厌其烦地集中精神，持续努力下去！”等情况，来发现自身的喜好或擅长的部分，从中考虑是否可以与职业相结合。

或者说，有时候可能会因父母亲或友人说“你在这方面真的好厉害喔！”之类的一句话为契机，而找到自己适合的工作。就是由于“随时都在考虑将来的事”，无意之中便为自己安装了“寻找生存方式”的天线。

我有位朋友的女儿也是经过一番思考后，某日突然惊觉自己“光是切菜就觉得很幸福”，而找了一份负责养老院内餐饮的工作。她原本是一般的粉领*族，但就在上班三年后，二十三岁那年她发现这并不是她想要做的工作。于是，她决意辞去了办公室的工作，自己一人好好地思考未来一段时间。

听说，她还跟公婆说：“我父母和朋友都跟我说‘好不容易找到工作，就这样辞掉很可惜’。但我认为，这不是问题所在。因为是自己的人生，所以要自己决定想做的事。为了要和以往总是受到周遭影响的自己诀别，我才会下定决心不留后路，重新思考自己的人生。”

如果有“一个人彻头彻尾地思考未来”的时间，就

* 指在家工作的自由职业者。

一定会开创出一条自己发光发热的道路。这点，我可以向正在为将来感到彷徨不安的你保证！

孤独让人找到自我

与西方人相较，日本人好像比较不喜欢独自行动，像是外出、参加活动、用餐，等等，总之无论要做什么，一定都倾向要找个伴一起。和志同道合的朋友行动是很开心、很快乐的事情，所以针对这点，我不会说：“请别这么做。”但当彼此想法有所出入，就会出现问题了。

如果你并非出于自愿，心想“反正我只是作陪”，就勉强自己配合对方呢？又或是，你只因认为“我们是朋友吧！陪人家去啦！”便强求对方配合自己呢？

如果是被迫配合的人，就算跟朋友在一起，也一定不会觉得快乐，而且对方也会感受到那种气氛。所以强迫别人配合的那方，内心多少也会觉得不舒服吧？这种情况要是彼此不能清楚地表明“自己想怎么做”而达成共识的话，自己一个人行动还更好呢！

例如，朋友约说：“一起去学插花吧！”在这种情况下，若一听到就想：“如果拒绝对方，她会不高兴吧？”就是在勉强自己了。行动准则是出于自身的想法，“是”或者“不”应该要问自己才是。

“我对插花有兴趣吗？”

“我想跟她一起去吗？”

“我有钱去上课吗？”

先如此自问自答一番，应该会出现许多不同的答案。如果是“全部都‘是’”的情况，就无须考虑，直接高兴地回复对方：“好哇！一起去！一起去！”这是非常简单的事。

当答案“全都是‘不’”的时候也一样，断然拒绝即可。与其想一些尽量不让对方感到失望的谎言借口，不如老实坦白：“不好意思，我对这方面没兴趣，经济上也有点不方便。”用这一类诚实的原因来婉拒比较好，相信对方也能够理解。

但唯独“我不想和你一起去！”这个理由一定要藏在心里，不能说出口。因为那真的会伤害到对方。

比较麻烦的状况是，答案有“是”也有“不”的时候。此时，就必须要以当下自己比较偏重的那个答案为优先考虑。像是，“我对插花很感兴趣，只是不想和朋友一起去，但又不想只因为这个理由就放弃。至于现在手头也不是很宽裕，若在其他方面稍微节省一点，应该没问题。”

“虽然对插花没兴趣，但如果是跟她在一起的话，应该蛮好玩的。反正闲着也是闲着，钱的部分也不是太大的问题，就去看看吧。”如果是类似这些想法，答案就是“是”。

“我本来就很讨厌跟她一起去上课。虽然喜欢插花，钱也不是问题，但还是等有其他机会再说吧！”

“现在就是没钱！虽然也想跟她一起去学插花，但真的没办法。”若是这种情况，回复也就只有“不”了。

最伤脑筋的状况是，原因主要为“就是不想跟你一起去”的情形。“我还是觉得类似这种课程，自己去会比较自在，所以我就不同行了。”只要这样回复就好，对方应该也不会再死缠烂打。

像这样，养成“自己的行动由自己决定”的习惯，就能够凡事都能独自行动了。不会勉强自己去配合别人，或强迫他人配合自己，搞得大家在一起也不开心，这样“浪费人生”的行为也消失了吧。

我认为，会想配合别人行动的人，基本上内心都潜藏着“不想落单”的想法。可只是一味配合，最后就会丧失自我。事事都依对方的心意走，终究仍会苦于独自一人的寂寞感。同时，也会变得不知道自己本身的存在价值在哪儿。

因“不想变成单独一人”的想法而行动，结果反而会导致更强烈地感受到“独自一人”的可悲罢了。

只要拥有“原则”，无论是和谁在一起或自己一人，随时随地都能感受到自身的存在。最后，就能从毫无自我存在感的孤独中脱离，也将“原则”当成行动方针，便可自由自在，享受随心所欲的愉快时光。

孤独让人磨炼感受力

在世上有所谓“潮流”这种东西，举个例子，就是以韩剧《冬季恋歌》为开端的“韩流”，或是源自美国、声称能够维持与生俱来的健康，被称为“乐活”的生活形态之类。

我想，让大多数的人们热衷的流行事物里，是有其专属的魅力的。

对于社会脉动敏感的特质，是磨炼自我感性的重要元素，所以懂得搭上潮流也挺不错。可是，如果自己对于潮流并不热衷，那也无须勉强跟上。

“但听不懂朋友们的话题，很痛苦！”

“跟不上潮流，感觉很差劲！”

“我不想被别人认为，我是个缺乏好奇心的无知之人啊！”

请不要有以上这些想法，反而更应该要抬头挺胸、大大方方地表明——我完全不感兴趣，也没有任何感觉。

对你来说，即使那件事物让成千上万的人都有兴趣，但却丝毫无法为你带来快乐。若把时间耗费在追那浪头，是很可惜的。

热衷于某项事物或是因为某物而激起了好奇心，或是为何而深受感动，等等，都因人而异。然而，若只是因为听到有人说“好感动喔！”就认为自己也非感动不可；又或是大多数的人都大赞“好好玩喔！”自己也要觉得有趣才行的话，那就只是毫无意义的努力罢了。

譬如，只有在看世界杯足球赛时，才会成为足球迷；只是为了想说“我也看了”，就跟着大家看韩剧；为让自己看起来跟得上潮流，就执着于名牌，等等，没有自己的想法或感受，是非常肤浅的。

而反过来看，对于自己热衷的事物，也请别对他人做出无理的要求，像是说："咦？你还没用过拍卖网站？这样不行喔！真的很好玩哟！如果不试着接触，活着还有什么意义啊？""什么？你不看日本电影？这样不行啦！现在日本电影正流行耶！这部、这部，还有这部，你都没看，就称不上是日本人了喔！"应该有不少人会说这类的话吧？

虽然我能理解那是想要和别人分享内心的感动，但我们不能将自身喜好强加在他人身上。

若希望有人听听自己的分享，只要真心诚意地将那份感动传达给对方即可。感兴趣的人就会听你的分享，而与拥有共同感动的人分享才是合理的。

无论是被旁人的感觉左右，还是将自己的想法强加在他人身上，都无法磨炼自身的感受力。

换句话说，那些总是想和别人一起热衷于某件事物者，便是不擅于自己行动、对自己的感性也没有自信的人。

当好奇心蠢蠢欲动地发现某些事物或是遇到直觉感受到"真好！"之类的邂逅时，不管是否有对象可分享、身旁是否有人陪伴，都能沉醉于那世界里，这样不仅能够让自身的感性更加敏锐，也能度过发自内心真正觉得愉快的时光。

一生的时间有限，所以要尽可能过让自己真正觉得快乐的生活。拥有“孤独力”的人，肯定能够做到这点。

孤独让人发掘个性

工作最重要的，莫过于要发挥自问“我能做什么？”“我喜欢怎么样的工作？”并且能够答出“就是这个！”的思考能力。

当然，练就一身万能的能力也是必要的，但不能是“得过且过”或是“没有擅长也没有不擅长的”，否则可能就会沦为“跑龙套”的角色。

而凡事都以无所谓的半吊子处事态度来面对，将难以充满自信并致力于完成工作。即使好不容易机会到手，也会胆怯地说：“这对我来说有点……”不如换个态度想，就算事情多少有些棘手，但找出一两个“就在这里赌上一把！我绝对不会输给任何人！”的自信的能力，才是能够在这满是竞争的社会中胜出的最有利的方法。

不需要想得太困难。“我比任何人都擅长制作简报”“我擅于交涉”“我有自信没有人会讨厌我”“要比细心、贴心，我是不会输给别人的！”只要找出像这些的小小能力即可，再想想能够使用这些能力来做些什么，就能开启无限的可能性。

我有一位朋友也是凭着“就是喜欢整理”这点成为文书处理专家，还在日本全国企业里担任顾问一职。

此外，不知是否因为日本人自古以来就将“以和为贵”视为美德之故，凡事总是迎合他人，导致每个人独特的性格都被埋没了。然而，有时不要害怕被孤立，“就算大家反对也无所谓，还是要说出自己的意见”，保持这样的姿态很重要。

即便无法有共识也没关系啊！只要将视野放在下次的机会，然后想想“到底要怎么做才能说服大家？要如何改善才能想出更好的企划？”就好。

不断重复这些动作的同时，周遭的看法一定也会跟着改变，也能够磨炼出持有不同意见的个性，就是所谓的个人风格。作家远藤周作曾说过：“请爱护怪异的人。”那是因为，“性格乖僻或被周遭认为特立独行的那群人，内心一定藏有宝石！”

不要害怕自己和别人不一样，要了解自己是世上独一无二的个体。简单来说，就是要带着“孤独力”好好认识自己。如此，必能发现自己内心里的宝石。要是没有“孤独力”，那块难得可贵的宝石也无法散发出耀眼的光芒了。

我想，能够发现这块宝石的人，便已取得迈向成功的门票。

给“孤独”的一句话

别人是别人，但我就是我。

——西田几多郎

孤独让人扬长避短

朋友们热热闹闹、开开心心一群、两群、三群、四群……聚在一起，只有自己是孤孤单单一人，虽身处同一空间，却被遗忘在角落。这种状况，任谁都会感到难以忍受的痛苦吧！无论去哪里，做什么，都会感受到没有同伴的孤独。此时，不禁会在心里嘶喊："拜托！有没有人能感受一下我的存在呀？"

但事实上，拥有没有同伴的"一人时间"并没有想象中的那么糟！因为人际关系中最重要的，就是要拥有"面对自己的时间"。总是有朋友在身旁，而且一直很要好时，就无法意识到自己的缺点，也就不太能够好好地正视自己。但每当和某人闹翻或失和，或是无法和任何人拥有良好关系，就会萌生“为什么我就是没有吸引别人的魅力呢？”之类的疑问。

在反复思考这个“为什么”过程中，其实潜藏着促使人类成长的重点在内。

或许会感到很痛苦，但请尝试一次好好正视自己，把自身的缺点全都列出来。然后，我建议各位，试着想想怎么做才能把这些缺点变成优点，加以发挥。

一个人的性格不是那么容易就能改变的，与其努力把缺点除掉，不如将缺点变成优点更容易些。各位不觉得，维持原本的性格，并将缺点变成能够吸引人的魅力之处，是非常轻松的事吗？

不用想得太难，本来优点就是缺点，缺点即为优点，人的性格是表里一体而成的，只要正确发挥出来，要把这些变成优点也不是不可能的。

“我都交不到朋友，总是孤单一个人！我真的没有魅力呀！”我曾经建议一个总是为这种事情烦恼的人，实际试着依照以下方法实行后，得到了非常棒的结果。

他所列出的主要缺点，并试着要将缺点变成优点的有以下五点：

· 怕生，无法融入不认识的人的圈子内。

在圈外也无所谓！就保持原本害羞的个性，由衷祈祷“希望能够成为那些人的同伴之一”，当个面带笑容、态度谦和的人。

· 口才不佳，完全不懂得如何说笑话。

不开口也没关系！只要偶尔点点头响应，或偶尔提出问题，朴实木讷地倾听就好。

· 对自己的学历感到相当自卑。

定睛在比自己学历高的人身上，并为能与他们在同一个赛场里较劲而感到幸福，不设限地想象。

· 动作总是慢吞吞，令人感到焦躁不已。

花点心思尽可能做好事前准备、比别人早点开始行动，让自己的表现看起来更沉稳冷静。

· 缺乏知识和话题。

千万不要不懂装懂。听到自己不懂的话题，就直接说："告诉我嘛！"用谦卑的口吻表现出，自己对凡事都充满了好奇心。

各位觉得这方法如何？想想自己的缺点吧！不要刻意隐藏，让这些缺点成为武器，反而能够让自己成长。就如同这位，从原本怕生害羞的个性中，孕育出高贵有涵养的魅力；从口才不佳，变成提问高手；将因学历感到的自卑感，转化成奋发向上的动力。

而虽然行动依然慢吞吞，但至少已经能让人看起来感到放心，不再令人感到焦急不已了；因为觉得自己无知，也变得懂得通过和别人交谈来增广见闻。

没能交到朋友的"孤单者"，虽然总有一些令人感到难以接近的缺点，但只要试着好好发挥，就能够变成充满魅力的优点。而那不也就是一种进步吗？

若没经历过独自一人的体验，很难可以拥有这样的时间。如果你现在感到孤单，那么请好好抓住这个可以正视自己的绝佳机会。这么重要的时间，要是哀叹着寂寞，那就太可惜了！

孤独让人看清大局

“高处不胜寒。”

这是某社长曾说过的话。应该也是说，无法忍受孤独的人，是无法立于众人之上的吧。领导者的工作，就是以“通过能够对社会或人类有所贡献的事业，让公司不断成长、进步”为目标，让组织动起来，有所成果。而不管成功或失败，都必须有将责任一肩扛起的觉悟。

领导者，必须以公平客观的立场选用优秀人才，并舍去不需要者；不屈服于众多反对意见，贯彻自身信念；为了让每位员工都能尽其最大能力发挥优点，适才任命；努力听取员工卓越的意见、提案……所以，守株待兔的机会主义者，或是老看旁人脸色行事等的那种人完全不适任领导者一职。

正因如此，成功者都很珍惜“独处的时间”。在听取了众多意见后，得独自思考、判断才行。特别是在拟定公司经营策略方针等的时候，也是孤独的——“自己下决定”，这就是成功者的职责。

所有成功的经营者都异口同声道：“成功的条件就是做没人做过的事！”

而这样成功的商业企划也是在孤独的时间里孕育出来的。虽说，“最后下判断的是自己”，但和总是以自我为中心、擅自行事、只追求己身欲望的利己主义是不同的。利己主义完全和“孤独力”无关，不过是自私罢了。

企业必须要对顾客和员工的幸福有所贡献，所以要规划出的蓝图是能得到多数人认同，取得成功，进而让与这个企业相关的人们也都能变得幸福。也就是说，若无法懂得“人心”，这企业就无法成功。而所谓懂得“人心”，也可以说是“了解自己”的另一种说法。只有拥有“孤独力”的人，才能够理解“人心”。

由于过多的企业在蔑视“内心”、破坏自然环境，还将人类的生活暴露在危险之中，一心追求私利的后果，就是遭到痛击、反扑，以至大家现在都说“共生思想”非常重要。而其实，这个道理不论在社会上或在个人身上都可通行。

我认为，能够珍惜、重视“内心”，拥有对待社会和大自然的爱心，“孤独力”就是成功的原点。

给“孤独”的一句话

没有孤独，无法有所成就。

——毕加索

孤独让人自力更生

“自力更生”也就是不依赖他人，自己面对困难。虽然很辛苦，但是拥有这种态度者，才会成为别人主动想伸出援手帮忙的对象。这种说法或许令人觉得矛盾，但就是如此不可思议。

试想看看，你会想帮助从一开始就不努力，从头到尾只想依赖他人帮助的人吗？应该会对这样的人感到反感吧？心里也会想说，“多少也表现出靠自己处理事情的样子吧？”比起这样的人，当你看到单打独斗者，反而会主动想要帮忙，不是吗？

是的，如果不将“自力更生”作为座右铭，并付诸行动，能够协助自己的“他人之力”也不会向自己靠过来。

大多数这种靠他人之力达成愿望者，当事情无法顺利进行时，会认为都是别人的错；而顺利的话，就觉得全是自己的功劳。像这种事事“以自我为优先”的人，任谁都不会想帮他一把。反之，凭一己之力生存的人，当遇到不顺心，会自己努力克服；若遇顺流，则带着感恩之意说“都是托大家的福”。

这种人才是大家乐于帮助的对象，因为他们知道自己能够做什么，也明白单凭己身之力无法完成任何事情。有个女性说：“我在孩童时期就已经体会到这个道理了。”她到底经历过什么事情呢？

“大概是小学六年级的时候吧……每当我一拿到零用钱就立刻花光，想要买贵一点的东西时，再请爸妈买给我就好。但没想到，爸妈完全无意买给我，只对我说：‘忍一忍吧！’我不禁在心里大喊：‘小气鬼！’

“可是小我两岁的弟弟却和我完全相反。即使他总是念着想要买超贵的天体望远镜，却从不会要求爸妈买给他，而是很努力地把零用钱一点一点存起来。我觉得，他这样是要存到什么时候啊？这个大笨蛋！但事实上，他的做法才是聪明的。虽然零用钱不多，但我弟弟仍存了大部分的钱下来，想要靠自己买下望远镜。结果我爸妈看到他努力存钱的样子，就对他说：‘你好棒喔！既然你真的那么想要，就买给你吧！’

“虽然当时我觉得我爸妈‘偏心’，但也知道不劳而获是不对的。当时我就学到了，不努力的人也不会有人想帮你的这个道理。”

原来如此……这真是一个浅显易懂的小故事。

人可以独自生存，但很多时候也需要周围的帮助。可就结果来说，基本上，还是得靠自身努力，而援助是伴随自身的努力之结果而来的。总之，靠人不如靠己。各位是否希望自己能够成为在贯彻“孤独力”的同时，也可以得到大家支持的那种人呢？

给“孤独”的一句话

所谓的才能，就是相信自己本身，相信自己的力量。

——高尔基

孤独让人改变态度

好讨厌！好痛苦！好难过！好悲哀！好倒霉！好生气！……当不好的事发生时，我们不自觉地就会有“我没有错！”这种想法吧？我觉得，人类总有将自己的不幸、倒霉事怪罪在他人或自己所属的组织、社会里的倾向。

“没能考上好的大学都要怪父母亲的基因不好！”

“工作会出错，都要怪上司没有好好指导！”

“我之所以会失恋，都要怪那个女人横刀夺爱！”

“会为钱所苦，都要怪年景不好！”

所有的事情都怪到别人头上是很容易的，而且不需承认自己的错，把事情推得一干二净，或许多少会感到轻松些。

另外，特别是身边有很多马屁精围绕的人气王，即使自己不这么想，但周遭的人也都会主动安慰他："这不能怪你啊，都是对方的错啦！"主要就是希望能尽量让这些人气王心情好过一点。但这样其实不妥，因为这不就表示自己的人生被那些不相干的人控制住了吗？

如果是因为自己的所作所为招来不幸、倒霉，至少还可以想办法处理，但是将全部都怪罪给他人的当下，就已经变成无法靠自己的力量让事态好转了。如同上一章所述，别人是不会依照我们的想法行动的。

话说回来，如果是因为别人造成自己发生不幸、倒霉的事，难道不会觉得很懊恼吗？无论遇到多么厌恶的事情，就算明知道那些都是别人造成的，也要自己一肩扛起，负起责任，让所有的事情逆转到好的方向去。我个人认为，这也是人生成长的一环。

日本有个词语叫作"他力本愿"，原本出自佛家，意思不太容易理解，简言之就是"凡事都依赖他人力量达成愿望，自己却不做努力”。只要不顺己心，全都怪罪到他人头上，这正是怀抱“他力本愿”的人的生存方式。可这样不但只会让自己丧失积极向前迈进的奋斗意志，也会导致无法靠自己开启人生道路。

正因如此，“孤独”更显重要，因为它能够让我们拥有挑战凡事凭己身之力克服的生存意志。

目前我就遇到一位以“自力更生”为目标努力着的人。据说，以前的他就是把所有事情全都怪到别人身上，但却不自觉地，总是向朋友诉苦：“我真的很倒霉！为什么身边的人总是要来干扰我呢！大家都骂我到底在干什么！但我明明什么事都没做呀！”要不然就是经常迁怒旁人。

某日，他的同事以开玩笑的口吻跟他说：“要是这次我们负责的企划案失败，该怎么办呢？依你的行事风格，会说都是认同这份企划案的公司的错吧？这可不太好啊……我们要好好负起责任啊！”这句话果然就像一根钉子狠狠刺进他的心，让他想逃也逃不了。与此同时，他才发现，把过错推到别人身上，等于放弃了自己的责任。

之后，每当他内心又涌出想要怪罪别人的念头时，便会对自己说：“谁都没错！”因此，他开始能够冷静地接受不好的事态，并且思考自己可以做些什么才能使状况好转。

现在的他已经能带着灿烂爽朗的笑容跟我说：“当事情发生时，重点并不是要急于把所有的错都推到别人身上，而是应该要想想自己可以怎么做，才能有转机，对吧？虽然仍继续朝这方向努力中，但我已经能感受到，如果将不好的事情视为自身的行为所致，似乎比较不会感到焦躁不耐烦。

“不要刻意对自己说‘谁都没错’，而是要自然而然地拥有这样的想法。对此我还在努力啦！”依赖别人之前，先好好发挥自己本身拥有的力量吧！是否能“转祸为福”，全都操之在己。

孤独让人学会共情

一般人似乎都会认为，喜欢独处的人不擅长与人来往。但真的是这样吗?

我倒持相反意见。我想，“独身者”是习惯听从内心声音来行动的人，所以他们其实很懂得倾听别人的心声。

也就是说，他们擅长运用亲身经验去想象别人在任何状况下的心情。

而“独身者”最能了解的，就是别人内心的伤痛。因别人无心的一句话而受伤、遭到同侪的排挤、无法顺利表达自己的想法、交不到朋友、和心爱的人分手、遭到所信赖的人背叛……他们切身了解，当人际关系中遇到这些令人感到难过的事情时，会有多么痛苦、难受、悲伤、寂寞。

所以，他们也知道此时该如何对待那些内心受伤的人，才能让他们感到轻松些，或是如何让已经难过到无以复加的人们，能再度挺起腰杆，重振精神。

这个道理一言以蔽之，就是我们常听到的，“有过相同经历的人，才能够感同身受”。譬如说，这几年许多人有相当严重的花粉症。对罹患花粉症的人而言，这真的是很痛苦的事。鼻子痒、鼻涕又流不停、眼睛还会充血痛到红通通的、头脑昏昏沉沉地无法集中注意力，这些症状都会持续两到三个月，真的是很可怜。

但没有花粉症的人是完全无法了解那种痛苦的，还会嘲笑他们戴了口罩就像尖尖的鸟喙，又或是看到花粉症的人痛苦的模样，以责备的语气说道：“太夸张了吧？这有什么好忧郁的呢？”

就是由于无法想象他们的痛苦，才会这样冷漠吧。

内心的伤痛也是如此。对有些人来说，很难想象那些状况下的心境，因为他们并不了解与人交往时所尝到的辛酸，或是遭到排挤而孤立无援的感觉。因此，我个人认为，“独身者”具备了在人际关系中“想象对方的心情后再行动”这种最重要的能力。

因为体验过许多的独处时间，孕育出了能够明白人心深处伤痛的“温柔”，这是非常难能可贵的秉性。

在此，再与各位分享一段故事。这是一位编辑与我分享的她“深受感动”的故事。

这是在她因失恋而陷入低潮时所发生的。那时身边的朋友都很担心她，常常会约她去唱卡拉OK，狂欢一下，或是向她伸出援手说：“把心里所有的思念，全都丢过来吧！我会好好听你说的。”想尽办法要让她走出失恋的伤痛。

然而，事过境迁，她认为那些其实是令她觉得感恩但却困扰的帮助。

“他们拼命为已经难过到食不下咽的我打气，我很感谢这份心意。但当时，我真的完全没有心情跟朋友去狂欢，或聊天抒发心情。每次都在心里不断呐喊：‘不

要管我啦！’

“就在那个时候，编辑部里一位大家眼中的‘孤傲’女上司递给我好几张CD，并对我说：‘来，你的药！’里面还附上了一张名为‘处方签’的纸条，写着：‘只要重复听歌词本里有星号的那些歌就好’。仔细一看才知道，那些全都是失恋的歌曲。

“当下，我只觉得这个人的行为也未免太草率了吧？但听完之后，真的觉得很棒。边听边把所有的感情都融入歌词内，然后尽情大哭一场。就那样不断重复几次之后，心情也慢慢转好。

“几天后，那位女上司对我说：‘失恋时，自己一人狠狠大哭一场，就是最好的疗伤方式。’她并没有拉着我问失恋故事，也没有说任何为我打气的话，但我却能实际感受到，她是最懂我当时心情的人。”

看来，那位女上司应该也是自己一人学习到，从失恋的孤独中重新振作起来的方法吧。到底要如何重振就要萎靡的精神呢？

我想，这只能靠自己去想、去实践才能够得到答案了。

能够独自行动的人从亲身经验中知道了治疗寂寞的方法，并且将这样的经验酿成了体贴来对待拥有相同伤痛者。

看到别人心情沮丧，就只想一股脑儿地为他加油打气，是思虑不周的。也可以说，他们并不了解寂寞为何物。

从一个人克服寂寞的亲身经历，来察觉别人当下的状况后再行动，拥有这种“孤独力”的人才能够建立深厚且稳固的人际关系。

给“孤独”的一句话

倘若所有女性都有着相同的面孔、相同的性格、相同的内心，男人不但不会外遇，甚至连恋爱也不会想谈了。

——卡萨诺瓦

孤独让人学会自省

“以不幸而自满”的人在这个社会上越来越多了。

巷弄内的咖啡厅、餐厅或是酒吧里，会看到数名女性靠在一起说：“听我说啦！我真的很倒霉！”感觉就像是在说“不幸的人很伟大”，每个人都一脸严肃地谈话，看起来很痛苦的模样。

这种现象不是只有女性之间会如此，男性也一样，刻意地想把自己的不幸说出来的大有人在。我猜，他们应该是希望别人知道自己的不幸后，能得到别人的理解，借此将内心因不幸而裂开的大洞填补起来吧。

的确，碰到不幸或倒霉事时，要是有个对象可以诉苦，或许就能卸下心中的重担。

在我的门诊里，很多患者一进来就不顾一切地把所有的抱怨、不满或是烦恼全数说出，感到舒畅之后就回家了。因此，“以不幸而自满”也不能说一定是不好。

只是，所谓的“以不幸而自满”，如果是听者那方，会觉得很郁闷、很讨厌的。虽然有句话叫“幸灾乐祸”，但那或许也仅限于一开始，大家会带着好奇心想听听别人到底发生什么事情的时候吧。

然而，次数一多，每次见面都得被迫听一样的事情，老实说，心里应该会觉得：“别把我卷入你自己的不幸里啦！”对吧？

我所佩服拥有“孤独力”的人，是指那些会先把自己的倒霉的事消化掉，再扮成丑角，以说笑的方式表现出来的人；是能够把那些倒霉事变成笑话说出来之前，不会“以不幸而自满”，独自消除掉烦恼的人。这可是高难度的技巧。

简而言之，因为要变成笑话，就得一定要替不幸或倒霉的事以幸运来调味才行。具体来说，要先一个人好好地将自身的不幸玩味一番，也要冷静客观地仔细想想，是否有需要反省之处，今后该怎么做才能将这样的不幸洗刷掉，挽回自己的幸福，等等。

消化过不幸或倒霉的事后，再找出能够让自己认为“这样的不幸对人生有益”的要素。最后，将一连串发生的事转化成“笑话”，画下完美句点。

最重要的是，别把自己当作悲剧主角，当你老是觉得自己很可怜，就永远无法从不幸或倒霉的事中振作起来。

如果能够将整个过程好好消化、吸收，即使碰到类似“因为找到新工作，就把现在的工作辞掉，没想到新公司在我去上班之前就破产了！”这种倒霉状况，也能够转化成像以下这样的笑话来看待——

“上一份工作已经圆满画下句点了。前同事们还送花给我、祝福我说：‘祝你下一份工作飞黄腾达。’但他们送给我的花还没凋谢，我下一份工作的公司就先破产了耶！我的幸福比花还短命啊！

“虽然大受打击，但选上这样的公司，也只能怪自己没好好看清楚。所以呢，现在只好一边领着失业津贴，一边把家里窗户的玻璃全都擦得亮晶晶的。就是托没有工作之福，我擦玻璃的技巧精进不少，连自己的眼睛应该都能擦亮了。下次找工作一定没问题！”

如何？比起说“真不该辞掉上一份工作的！”“明明业绩都不行了，还敢征聘新员工，真不懂这家公司在想什么！”或是“前同事一定都在背后笑我吧？”等之类的怨言，不觉得以轻松的角度来看待，这样更酷吗？

当听者听到当事人在自嘲，也就不会烦恼应该要说些什么话来安慰，说不定还会认为，对方真是乐观又坚强。

而且，能够笑看自己所面临的问题，同时旁人因你的自嘲而笑呵呵，自己的心情也会从沮丧低落中振作起来。要是老说些饱含怨恨的话语，“以不幸而自满”，顶多也只能得到大家的同情安慰而已。但是，“笑容”却能使自己得到面对残酷现实的力量。

然而，若心情低落时，只会不停哀叹自己怎么那么倒霉而不去反思。这种时候，自嘲的笑话便会失去意义。

当省略了“反思”等过程，自嘲只会变成一则空洞的笑话，也让自己变得吊儿郎当罢了。要注意喔！

给“孤独”的一句话

我想，若是没了自我怜惜的这份奢侈，应该会遇到相当多无法承受人生悲欢苦难的时候吧。

——吉辛

第三章

拥抱孤独，才能拥抱好的关系

关系的重心，在自己而不在对方

绝对不会成功的恋爱，从“开始”就可以分成两大模式——

一种是从外表或学历、职业、收入、家庭背景等来评论交往对象；另一种就是因为“没有情人”很寂寞或是“没有情人就很差劲、很丢脸”等类似这样在意外界眼光，为满足虚荣心的想法，而轻率地选择交往对象。

先谈谈第一种，关于“以条件为前提的恋爱”。所谓的条件，就好比穿在对方身上的服装一样，是看不到对方内在的。

然而，如果只看“服装”就认定“这个人是我的恋爱对象”会如何呢？难道这交往对象就只是身上的一个配件吧？

我可以很肯定，这类的人就是没自信的人，想借由看起来体面的“服装”来装扮自己，好比只能借着名牌来展现魅力的人一样。

而且，将恋人当成自己的配件，是相当失礼的行为。倘若对方思想健全，应该也不会想被当作配件吧。即使已经是交往中的情侣，他人也看得出来不过是表面上的交往而已。

再看另一种情形，“因为寂寞或是为了要满足虚荣心而开始的恋爱”。必须说，在这种情形下，选错交往对象的概率是相当高的。

说得极端一点，这种人就是有“不管对象是谁，只要能待在我身边都好”的强烈想法，所以只要自己稍微欣赏的人一出现，就会觉得：“我喜欢这个人！他／她就是我的菜！”于是便自我催眠：“我喜欢这个人！真的好喜欢！”接着，渐渐就会看不清自己真正的想法。

换言之，这就是“因错觉开始的恋爱”。你迟早会发现“这个人不适合我”，而对方也会察觉到“你的交往对象不是我也无所谓，任何人都好！”双方因此开始产生芥蒂，交往不顺，终究会画下句点。

说到这里，不断重复这种“失败恋爱模式”者是否认同这其中的一些观点呢？谁都会想谈一场令人羡慕的美好恋爱，没有情人陪伴的日子会很寂寞吧。我能理解那种心情。

可是，要是没有与打从心底爱你、愿意和你真心交往的人在一起，就称不上幸福的爱情。也无法跳脱“失败的恋爱模式”，终究会令你厌恶自己且感到空虚不已。

若想要避免落到这地步，首先最重要的，就是要把“看条件选择对象”或“寂寞空虚冷、因在意他人眼光等虚荣心”的这些想法，彻底从脑海中消除。真正的恋爱无论好坏，都要视为自己的问题好好面对、谨慎思考才是。然后，有效利用自己一个人的时间，好好磨炼自己一番。

“不管有没有交往的对象，我就是我。目标要先放在努力绽放具有个人品位的光芒上。”有这种意识，确立自己的独特之处，也是恋爱的第一步。

珍视自己，喜欢自己是首要。

恋爱，原本就是从各自散发出闪耀动人的自我特色光芒中所孕育出来的。这样萌生出的爱，会在交往过程中，因相互碰撞、刺激而不断成长。这就是“恋爱的成功模式”。

现在因为没有恋人而感到寂寞的人，请记得，先培养“恋爱的孤独力”，让自己一个人也能活得很好。这点比担心日后没有恋人来得更重要。

拥有这股力量时，自然而然就会发现不错的交往对象其实就在自己身边。

别再陷入“恋爱的失败模式”里了。

加油吧！

懂得保有自我

从恋爱迈向婚姻，换言之，就是要和恋人建立更明确的关系时，在心理学上有三个重点：

第一就是“合一（Oneness）”。当两人进入彼此的世界后，是否能够共同拥有一个世界？这和“因个性不合而分开”这个我们经常听到的理由是相反的。

为免误会，针对这点在此进一步说明。这并非意味“要将原本两人的两个世界合而为一”，而是“彼此要互相理解，并共同拥有原有的两个世界”。

譬如说，当有人问：“请说说你目前男／女朋友的成长过程，或价值观、人生观，以及他们现在的心情等。”如果是回答不到五分钟的程度，就会被诊断为“合一”

不足。

交往中的情侣都会“想要更了解对方”。只要其中一方不太有这种想法，终究只会是单方面不停地在找话题聊天或只是闲话家常，又或是根本不在意彼此的沟通互动，只是沉溺于性而已。最后，极有可能变成“明明已经约会好几次了，但仔细想想，根本不了解对方”。

在双方毫不保留地展现出“最真实的自己”的同时，从开始探索彼此的世界到知性地理解再到彼此尊重。如此，“合一”才能成立。

第二个重点是“彼此依靠（Wcncss）”，意即能否成为对方的支持者？

人生是“福祸相伴”。即使现在很幸福，但不知何时会有变化，或是面临什么困难。

人生中，无论是到达巅峰，还是跌入谷底，都要成为伴侣的支持者。若没有这种觉悟，只要碰到芝麻小事，关系就会破裂。

当发生困难时，如果只会选择逃避，或是单方面地指责对方，是不可能实现“彼此依靠”这一点的。最重要的，是要彼此都能够确信“无论处于什么境遇，遇到什么状况，你还是你，这个信念必须是坚定不移的”。

第三个重点则是“保有自我（Iness）”，也就是要确认，是否拥有自己的想法？能否表达自己的主张？

总是顾虑对方的感受，想说的话不敢说；总是担心被讨厌，因此所有事都依对方的意见为主。像这样，将决定权都交给对方的关系，只会使彼此感到厌倦，心意也无法相通。

两个人会有不同的想法，是理所当然的。先以这个观念为基础，将自己的看法清楚地表达出来，努力找到平衡，才能够令关系更加稳固。

而这三个重点当中，最重要的就是“保有自我”。

如果“我”无法安定，就无法在对方面前毫无保留地表现出最真实的自己。

相对地，对方当然也无法以最真实的自己跟你交往。

结果就是无法理解彼此的世界，也就更不可能有

“再大的困难也要两个人一起克服”的觉悟了。

也就是说，如果不能以独立的“我”和“你”敞开心胸，无所不谈，别说要建立人生中最重要的关系，就是连恋爱也不会顺利。

了解对方想法

如上一篇所述，恋爱的基本单位是“我”。所以，就算是正处于热恋期的两人，也绝对不会有什么“一体同心”这种事情。应该说，是“一体二心”。

这世上有相当多的情侣都会有“一体同心”的错觉。我想，这也就是恋爱失败的最大主因。

一旦有这样“一体同心”的幻想，就会认为对方理所当然和自己拥有相同的想法和行为模式，而不自觉地把自身的想法加诸对方身上。

有位女性抱持着这种幻想到根深蒂固，她和男友大学时期就开始交往，远距离恋爱画下了句点……不对！应该说是“被迫”画下句点。我看到她时，她的神情相当憔悴。

她说：“我原本深信，爱是可以克服距离的。就算分隔两地，两人也是一体同心。但没想到，竟然维持不到半年。

“刚成为社会新鲜人的我们，都拼命让自己早点熟悉工作，经济方面也不宽裕，所以我们主要是靠电话或电子邮件联络。但不管是打电话还是发电子邮件的都只有我。他都不会认真回信，电话也几乎都是在录音机留言的状态。

“渐渐地，我也用电子邮件责问他说：‘我们不是约好不能输给距离吗？为什么你都不回我？我时时刻刻都好想你。但我却不知道你在想什么。我受不了这种状况了。这样下去我们会分开的。结婚好不好？你下次休假时来看看我嘛！我们一起好好聊聊我们的未来吧！’等等之类的。

“就这样过了半年，我们终于见面了，但我又开始责备他，他也终于受不了而爆发了。他告诉我：‘你只是自己想传电子邮件才写信给我的，不是吗？别硬是要我回信啊！我没办法事事都只顾着你。你是不信任我吗？不要用什么就算分隔两地，我们都是一体的那种话来束缚我！’

“也就是说，我们终究不是一体的，对吧？因为不管是我或他，我们都丝毫无意想理解彼此的心情或状况。我们的心是分开的。之后，我也反省过了。我在责备他之前，并没有先去试着了解他的想法。”

结果，两人就以分手收场了。看来，是距离剥夺了两人和好的机会。

虽然我认为男方也是个自我本位主义者，只想到自己，但听到女方下了结论说：“从我强迫对方接受我的想法这点来看，或许是因为我其实也并没有那么重视对方才会如此。朝下个新恋情迈进，重新出发吧！”

可是男方也不够努力去理解或接受女方的想法。或许，这是由于彼此认为，双方已经是“一体同心”而导致的结果吧。而且，男方也不够珍惜女方。

像他们一样，认为自己和交往对象是两人一心的，最后恋情失败的例子真是不胜枚举。

认为两人是一体同心的当下，就等于是怠于努力去更进一步了解对方了。

然而，就是因为是真心喜欢的对象，才更需要去了解对方的想法，同时也要让对方知道自己的看法。如果能知道对方在想什么、知道对方会怎么做，自己的行动也会自然而然地跟着调整。相对地，对方也会这么做。

彼此充分沟通，认识到再怎么样都不可能变成“一体同心”，而“两人三脚”才是能够持续保持关系的秘诀。

爱情中的孤独力

“只是刚好爱上已婚的人而已。”

这是身陷不伦恋情的人最常说的一句话。

虽然世上一般人都认为，不伦恋就是“邪恶的恋爱”，但当事人或许会强调自己无意要破坏他人家庭或是掠夺别人婚姻等，只是单纯爱上对方罢了。

确实，无论已婚或未婚，他是他，她也仍是她，仅是纯粹“喜欢”那个人的本质而已。但事实真是如此吗？

有位女性说：“打从一开始就没打算要跟他结婚，也不期望如此。我只是因为他是一个爱家的男人，所以才爱上他。如果他为了跟我交往而抛家弃子，那我也不会爱他。”

仿佛为了证明自己所言不假似的，数年后，当男方对她说："我就离婚跟你重组一个家吧？"这段恋情就此冷却了。到底是怎么一回事？

我个人认为，这是因为这名女子并不是真的爱那个男人。

从她一开始说和那位男性交往的理由，就已经看出破绽。要是对方真的"爱家"，根本就不会有外遇。但她却爱上他，这就证明她其实不了解那名男性。

女方对男方所期待的，只是偶尔见个面，填补自己内心的寂寞，如此而已。她无法与他携手共度人生。

所以，说点稍微恶毒却实际的话——对这个女人来说，男方已婚这点反而是比较"方便"的。

各位不认为，这名女性的说法只是方便掩饰自己狡猾的一面，为不伦恋找个好听的辩解罢了？

如果女方能够忍受没有情人时的孤独感，并且坚强地乐在其中，应该也不至于走入这种关系里。

不过，也有和这位女性的情况完全相反的，对正在交往的不伦对象的占有欲日益强烈。而当对象与他的妻子在一起，自己反而是被抛在一旁的那个人时，就会感到强大的孤寂。

这种类型的女子终究会因为无法忍受寂寞，不是直接找男人摊牌，就是要男方与妻子离婚等，介入对方家庭，大闹一场。

但她自己也明白，如此一来关系会破裂，最后反倒更为这种寂寞所苦。

大多数谈不伦恋的人都会强烈感受到，明明身边有伴却还是好寂寞，很难与对方建立起良好的关系。

不论有多么为之着迷，只要对方是有家庭者就别交往了。

比起这种不伦恋，独自一人反而更能保有平静。**请拥有不输给寂寞的爱情“孤独力”吧！**

给“孤独”的一句话

单身汉是捧腹大笑，但已婚者则是笑泪交织。

——G．赫伯特

敞开心胸

有种人虽然有交往对象，却无法只和同一个人维持长期关系。

而有些人是确定自己只把爱情当游戏，游走于不同异性之间；也有些人总是很真心地在与对方交往，但却不怎么顺利。

虽然两者心态不同，但事实上也有共通点，那就是——对自己缺乏自信，害怕受伤，因此无法向对方敞开心胸。

“如果真心喜欢对方，就会想独占他，为嫉妒所苦。要是变成那样，就很狼狈不堪。所以，打从一开始不需太过投入，就算分手了，伤害也会比较少。只要再找新的交往对象就好。”有这种自欺欺人型的人。

或是，“因为不想被嫌弃，也不愿让对方看到自己的弱点，所以在情人面前，总是假装自己开朗又完美。如果对方真心喜欢我，他会帮我卸下面具，协助我突破障碍。但只是因为外表或表面上的行为等，就自认为非常了解我而与我交往，那就由我来甩掉他吧！以分手作结，也没什么大不了。”这类逞强、爱面子型，他们内心深处都潜藏着，害怕将原本真实的自己毫不保留地表现出来的想法。

乍看之下，他们或许会让人觉得是不怕孤寂的人，但事实上正好相反。他们只会不断重复爱情游戏，同时也让自己的内心越来越堕落。

如果你也意识到了自己有这种倾向，那就脱掉那层铠甲吧。试着把最真实的自己，展现出来看看。

隐藏起真实的自己来谈恋爱，关系是无法持久的。因为，对方也不会卸下他内心的铠甲，只会继续跟你维持表面上的交往。

毫不保留地表现出最真实的自己，或许会因此被嫌弃而失恋。但真是如此又何妨？那代表了，那个没有意愿进一步了解你的人并不适合当你的情人。不如帅气点，甩了他吧！

想要谈一场真正的恋爱，最重要的是先敞开心胸。这么一来，对方也会对你敞开心胸，才能真心交往。真正地面对彼此，才能互相拥有更进一步的了解，建立起明确且稳固的关系。

为此，重点是要好好面对没有情人时的孤寂，拥有“孤独力”，自己一个人也能毅然坚定地独处。

倘若败给了孤寂，当遇上让自己稍微心动的异性，一不小心就会表现出“我很棒喔，快爱上我吧！”“我可是男人中的男人，爱上我吧！”之类的模样。

面对异性会变得软弱，但又总是爱逞强，无法呈现真实的自我。可当我们面对自己所认定的“那个人”时，才更需要不怕被拒绝，展露出自己最真实的一面。就结果来看，这才正是取得真爱的最佳快捷方式。

给“孤独”的一句话

男人经常会想要独处，女人也一样。当这样的两人相爱，就会彼此嫉妒那个想要独处的念头。

——海明威

坦诚交流

最近不管是在街上，还是在电车内，都不难看见不时用手机传送信息的人。虽然不知道他们的联络对象和细节是什么，但对像我这种老古板的人来说，真的是不可思议的光景。

我总会不禁地想："为什么不直接打电话？将对话内容输入成文字来交谈，不会觉得很慢而焦躁不安吗？"

我的一位好友跟我分享了一件事情来解答我的疑惑。

他说："现在的年轻人跟朋友之间都是一整天通过信息聊一些无聊的事情。从'现在在干吗？'开始聊，接着就是'电视正在播这个喔！要看喔！记得要看喔！''今天真的玩得好开心喔！但也好累喔！我要去洗澡了，洗完后再传信息给你喔！’‘好无聊喔！’之类的。信息里还不时加入表情文字或爱心符号等来表达情绪。

“如果不靠手机联系，不知道是会感到不安？还是寂寞？……情侣或朋友之间或许只是想借由彼此经常将行动逐一通报，来确认情谊，确认自己不是独自一人这样吧。”

听到这种状况的我不禁担心，像这样的互动，只要稍有闪失，很有可能就是变相地束缚对方。就算无意监视对方的行动，但也渐渐侵蚀对方独处的宝贵时间了。

而这样的关系无法长久维持，彼此迟早会对另一个人的存在感到厌烦，终至关系破裂。

其实，我听过很多例子就只是因为稍微晚点回复，或是无法立即回答问题，被对方责备，导致朋友关系因此变得尴尬别扭。虽然看不到对方的表情，但是用字遣词就会变得很客气。

人际关系中，务必切记最基本的，就是必须先考虑对方的感受后再行动。而这点在平常传信息时也一样，但像这样频繁地互传信息时，就经常会完全被忽略。

而对于“不容易说出口的事，就用电子邮件来传达”的处理方式，也是一大问题。

一般不容易说出口的多半都是道歉、要求对方配合自己的时间或是婉拒等情况。但无论是哪一种，都是希望对方可以接受、谅解我们的失礼之处。

然而，只通过字面上说声“抱歉”，实在有欠诚意。

像这些状况，要直接跟对方面对面交谈，或是通过电话亲自传达，确实是非常痛苦的事，因为眼前会浮现对方生气的样子。

但就算如此，只靠电子邮件是无法确实将歉意传达出去的。正是因为难以启齿，才更应该要直接面对面说出来，这是基本礼仪。

若对方只是收到按个按键就能送出的电子邮件，心里也会不高兴地想：“你以为你是谁啊？”

电子邮件确实是能够避免尴尬的最佳途径。只要把想说的内容事先想好，再写成文章，就能轻松地传达出去。

电子邮件还有利于比较不善言辞表达、不擅长在人前把自己的想法说出来的人，通过电子邮件可以按自己的步调自由发言，这点是相当宝贵的。

事实上，有些人平常似乎沉默寡言，但只要换成信息来沟通，突然间就变得滔滔不绝。如果是这个类型者，擅用信息与人沟通也是可以的。不过，人际关系终究还是要通过面对面，好好交谈才能够建立起来。

电子邮件或信息的内容，通常多少都会掺杂着些许谎言或浮夸、渲染等部分，所以若主要是以邮件或信息进行交流，终究只能拥有比较表面的人际关系。与人面对面交谈，人与人之间的牵绊才会变得更紧密坚定。

顺道再和大家分享另一个小故事。每当我看到以超快速度输入信息的人，就会想起，以前有位业务员曾经告诉过我：

“口若悬河的业务员一开始业绩都不错，但不久之后，客人就会说‘没诚意！说话听起来都像在说谎！’

于是就会变成拒绝往来户。反而是不善言辞、说起话来结结巴巴，但诚意十足地与客户说话的业务员，虽然需要多花一点时间，但最后都能成为优秀的业务员。因为，他们以诚实的言语打动了客户的心。事实上，进入公司五六年后，能成为顶级业务员的，都是那些不擅表达的人。”

所以，即使是电子邮件也是如此，不需要的内容不必多说，文笔不佳也无所谓。简而言之，透过真心诚意的文字，将自己的想法传达出去才最重要。

只因为独自一人就觉得寂寞，不时传送信息给男女朋友或朋友，并且单纯认为“利用信息的话，就可以尽情聊天”而老是传送毫无诚意的冗言赘词，换句话说，这些人就是罹患了所谓的“手机依赖症”。

试着让自己成为一个就算独处也不依赖手机，能够好好享受独处时间的人吧。因为，心与心之间不是靠电波就能联系的。

给“孤独”的一句话

每一个人都需要有人和他开诚布公地谈心。一个人尽管可以十分英勇，但他也可能十分孤独。

——海明威

勇敢表达

如同我反复提到的，能够保有自我、确立自己风格者，就是能够享受孤独的人。

然而，这样并不代表这些人就会一直孤单一人，事实上可是完全相反。因为，从内在散发出来的性格，灿烂动人，而这就是他们吸引旁人的魅力来源。所以，总会有许多人围绕在他们身边。

也就是说，能够享受孤独的人，同时也深具魅力。因此，无论是一个人的时间也好，和情人或朋友一起度过的时间也罢，他们都能够乐在其中。

只是，所谓个人的独特风格，并非一朝一夕就能确立。这得随着年龄增长，累积各种不同经验，才能够逐渐成形。姑且不论熟龄人士的状况，但正值青春年华的年轻读者们若想要达到这个阶段还需要一段时间，所以无须焦急。

在此，先大致依照年龄层来看看每个阶段的人格形成过程吧。

十几岁的时候，基本上即使和讨厌的人或是个性不合的人不相往来也无所谓。好友之间组成的小团体，也只是表现出了一种强烈希望能够从各种不同价值观的人群里，找到和自己相似或是谈得来的人的想法。

比较麻烦的是，这种小团体通常都会因为过度强烈的亲密意识，而产生互相束缚的现象。因为有秘密、跟其他人比较要好、口出恶言、耍小心机、说谎等这些小小的冲突，而不断发生争执或摩擦，也是这个年龄层的特点。

虽然在争吵过程中确实会觉得痛苦，但这也是为了让彼此能够有更进一步的了解而不可欠缺的。从反复争吵、和好的过程里，就能够学到和自己不同、各式各样的价值观。

随着进入高中、大学后，这种争吵状况会大幅减少。因为，这个阶段已经拥有可以先顾虑对方的想法再行动的智慧了。所以，在十几岁时，表达出自己的想法、争吵是非常重要的。

上了高中，在新的人际关系里，则是多了一种可称为“社会缩影”的辈分关系。通过参加社团等，在学长姐和学弟妹间的良性交锋中，学习发挥团队精神。

当然也有失败的例子。因为希望得到学弟妹的爱慕而纵容他们，最后却被瞧不起；对学长姐说话不礼貌，而被狠狠斥责一顿；因无视辈分擅自行动而遭到众人排挤；只要有不遵守规定的团员，社团经营就会不顺；目标一致，就能够提高团队向心力……有许多不同的学习方式。

而这也可看作，为了能在大环境中生存下去的必要训练。不怕失败，通过实际行动，就能够理解上下关系的微妙之处。

成为社会人士后，生活中就会瞬间出现各种不同年龄层的人，置身于完全无法和学校相比、拥有多样价值观的集体中。

在这个阶段，理解实际存在于社会中的各式各样价值观，远比表达自己的主张来得更为重要。此时，只要彻底观察旁人的言行举止就可以。如同出国后会更关注自己的国家那样，在多样价值观的世界漩涡里则能增广见闻，这对认识自身的价值观相当有帮助。

看完从十几岁到二十几岁的人际关系后，应该有不少人认为，进入三十几岁就是确立自己风格的时候了吧？

倘若在进入三十岁前，能够慢慢训练自己在不会给别人不悦的感觉为前提下，表达出自身的主张，而进入三十岁后，便可渐渐更深入认识自己的世界。

也就是说，因失败的人际关系，能够学习到这么多事物。在接受与自己不同的价值观时，也可磨炼表达自己想法的技巧。并在这一过程中，塑造出“即使是一个人，也不会感到孤寂”的自己。那么，你也不会再想隐藏自身观点或意见来接近人群。

相反地，反而是别人会主动来接近你。因为，这时的你已经具有吸引他人来到身边的极大魅力了。

“没有情人也没有朋友而感到寂寞”者，是因为自己的世界还不够成熟罢了。不要害怕受伤，勇敢表达出自己的观点，与各式各样的人交流，好好认识自己的世界吧。当你拥有“独自一人也不会感到寂寞”的孤独力，情人与朋友也会自然而然地到来。

敢于孤独

有些人会完全顺从另一半，自己想说的、想做的全都忍下来。而那些人大多数是因为内心潜藏着“不想被嫌弃，也不想被甩”的想法，害怕失恋而导致如此。

一个二十四岁的粉领分享了她的经验。她说，她和爱慕的前辈交往了两年，但总是战战兢兢地害怕被甩。

“在开始交往没多久的某日，我深夜里接到了前辈的电话，约我外出。但因为那天我真的很累，也已经躺在床上准备休息了，便拒绝了他。

“结果，他非常生气地说：‘那我去约别的女生好了！没想到我们的关系这么短暂，就到此为止吧！’听到他这么说，我直觉反应道：‘对不起嘛！我现在立刻

过去。’

“那件事情对我造成了心理创伤，之后我对他百依百顺。当然，我也有自己想说、想做的，但得看他的脸色行事，渐渐地连自己想做什么都不清楚了。最后，我甚至觉得，凡事照他说的去做也变成是我自己期待的一样。

“虽然，我也觉得这样很傻，但我很害怕被他甩掉，又回到孤单一人的状态。而且我……一直都没人追，也没什么朋友，已经厌倦了长期以来的寂寞。或许因为如此，不想再次变成孤单一人的想法才会更加强烈吧。”

当然，也有男人的个性跟这个女孩一样，看起来很懦弱，但女朋友是非常受欢迎的大美女。所以，总是自卑地想，我这么不起眼，竟然有这么漂亮的女友，真好！然而，却也会强烈地认为，我绝对不可能再有机会遇到像她这么美丽的女孩，所以绝对不能被甩掉，从而对女友百依百顺。

这样的人，首先必须要做的，就是扪心自问：

“总是对另一半百依百顺的自己，感到幸福吗？”

“对方总是无视自己的想法，不觉得难过、不觉得更孤单吗？”

我猜，前者的回复应该是“我一点都不幸福”，而后者的答案则是“对，我很难过”。

冷静想想，应该会发现“倘若对另一半百依百顺而一点都不觉得幸福，那又怎么能够疗愈内心的孤寂”？

当能够理解到这点，对于“被甩掉”的恐惧感就会减缓许多。因为已经知道，自己正处于一个比独自一人时还更恶劣的状态之中。

试着对自己说：“失恋有什么可怕？就算独自一人也没什么好害怕的。”接着，一点一滴地表达出自身的想法。

如果因此被甩了，又有什么关系呢？

比起用服从对方的方式来维持爱情，一个人还更可以过着轻松自在、对自己有益的生活。

想跟情人建立良好的关系，就别想“万一被甩了怎么办才好”等之类的问题，只要按照自己的心思意念行事就好。

如果那样会不如对方的意、令他／她感到不高兴，也不用太在意，就丢给对方一颗直球，问他／她想怎么做吧。

彼此的想法需要经过不断地磨合，找出妥协点，这样才能够更进一步，相互理解。

时间良药

“失去心爱的人，无论是失恋，还是死别，疗愈内心的方法只有一个。那就是，静静地等待时间流逝，等候记忆得到平静舒缓。除此之外，别无他法。”这是出自曾野绫子的著作《名为幸福的不幸》里的一句话。应该称它为“时间良药”吧？能治疗失恋这种病状的，就只有“时间”了。

任何人失恋，内心就好像突然破了一个大洞，孤寂感也向自己袭来。但为了要将那个洞勉强补起来，就找一群朋友狂欢，或随便找一个不喜欢的异性交往等，把身边的人都拖下水，慌慌张张地，实在不是办法。

这样或许可以让心情暂时觉得比较舒畅，但不久之后，那股空虚感又会再度袭来，只是徒增孤寂。

而想要“快点忘记”也会导致反效果。越想“忘记”旧情人，就越忘不掉，反而变得更痛苦。无意识中会不断在脑海里反复播放着，因失恋而感到寂寞的自己的模样。

也就是说，无法从记忆回路闭锁起因失恋所受到的打击。

有些人甚至会在“想忘却忘不了”的痛苦中挣扎，不断地想：

“再也遇不到像他这么棒的人了吧？”

“失去他，我一天都活不下去！”

像这样，永远无法忘记失恋的创伤或前任，渐渐害怕谈恋爱，还会把讨厌前任误认为是自己已经走出了失恋的伤痛。

事实上，那只是藐视曾经爱过那个人的自己罢了，反而感觉更加悲哀凄惨。那到底该怎么办才好?

不需要勉强自己做无谓的努力，只要一个人尽情难过，哭到连泪水都干涸为止。将自己完全浸透在与前任的回忆里，同时也接受这个存在已从你的心里消逝的事实。

如果能度过这段时间，将不会再对旧情人眷恋，也会觉悟到自己已经处于单身一人的状态。过去两人一起度过的时光，接下来则由自己来慢慢填满吧。这就是所谓的“时间良药”。

当你能够享受自己的一人时间，迈向新恋情的活力也会跟着涌现。

顺带一提，曾经大受欢迎的美剧《艾莉的异想世界》，或许这出剧对年轻读者来说会有时代差异，但在戏里，没有情人的女主角艾莉似乎是用以下这些话来为自己加油打气的：

“感谢没男人的我也活得下去！感谢我不需要任何人！好久没人抚着我的背，但感谢我不需要回想起那种触感！”

感觉上是自暴自弃的台词，但像艾莉这样，感谢自己一个人也能够活得下去，也是不错的方法。至少，抱持着“一个人也很好”的想法嘛。

给“孤独”的一句话

最舒服的地方莫过于独自一人的床铺。

——西赛罗

整理情绪

任谁碰到讨厌的事，心情都会不好。失败时失落；失恋时难过；生病时不舒服；至亲好友搬到很远的地方，也会感到落寞。

而当下不知该如何是好的情绪也会完全写在脸上，对吧？虽然多少会觉得无可奈何，但是让别人跟着自己承受不悦的心情，这样好吗？

无论心情再不好，也与别人无关。想想，当自己变成别人的出气筒，所感受到的痛苦也很难平复，不是吗？所以，心情再怎么不好，都必须独自克服。

能够将不愉快的情绪整理好的人，都会尽可能不把情绪强加在他人身上。因为他们知道那是“不合理的”，也知道自己不愉快的心情会令人却步。

不久之前，有位曾经“情绪化”的女性，回想以前的自己时，说道：

“那时候应该是因为太寂寞的关系，才会那样吧。如果不把当下的情绪表现出来，就会受不了。因为工作忙碌，所以总是战战兢兢；身体不舒服时，偶尔会直接趴在桌上休息；心情不好时，垂头丧气。觉得自己这么做，似乎是为了期待旁人给予温柔的关怀。

“在我心里，似乎隐约地藏着‘过着充满压力生活的人很了不起’的想法。同时，也认为那些看来没有任何烦恼，永远不知何谓压力的、无知且散漫的人，都是反应迟钝，也随随便便的，总有些瞧不起他们。

“所以，我才会误以为，若不把自己肩负着的一堆的辛苦全都表现出来给别人看，自己的努力就无法得到别人的认同。”

然而，却是一位她曾经暗自认为是“无知散漫”，且相当瞧不起的一位女同事A的举动，让她明白了自己的这个想法是错误的。

A总是很活泼，也很有朝气，甚至看起来就像是那种从来都不知道何谓疾苦或病痛等不幸为何物的人。

但就在某日，这位“情绪化小姐”下班吃完饭准备回家时，发现自己把东西忘在办公室。就在她深夜回到办公室时，看到A脸上的神情和平常完全不同，正独自拼命地工作着。

当她对A说：“你好像很忙的样子。”

没想到，A瞬间回到平日的笑脸回应：“应该是说我工作速度慢啦！虽然明天再做也可以，但我不想让自己到时手忙脚乱，所以只是在做事前准备而已。”

而当时A做的，好像就是为这位“情绪化小姐”隔天的工作做事前准备。

另外一次则是A感冒时所发生的。虽然一直咳个不停，看起来也真的是很痛苦的样子，但A却打起精神对大家说：“为了避免把感冒传染给大家，我到会议室去喔！”说完，就一直单独待在会议室内。

之后的几个小时，A就一个人默默地把所有工作做完了。但之后才听说，当时她正发着三十八度的高烧。

“在那之后，也有好几次知道A小姐虽然有着不为人知的苦恼，但完全不会表现在脸上，总是神采奕奕地面对大家。我真的觉得她帅呆了！当时才明白，那个不把自己的痛苦表现出来就受不了的我，只是把自己‘不愉快的病菌’散播到周遭罢了。所以也好好反省了一下这个幼稚至极的自己。”

于是，她在那时就决定不再当个“情绪化的人”，尽量不再说有着负面情绪的话语。

只要能自己将不愉快的情绪消化掉，就能缩短和旁人的距离。就算不用言语或态度表现出来，偶尔一定也会出现对自己说出贴心话的人。

因为，独自奋斗努力的身影，将会令别人以体贴关怀来相待。

第四章

如何精致地独处

学会爱自己

要成为拥有“孤独力”的人，最重要的，其实就是要先让自己能够大大方方，并且抬头挺胸地说出：“我最爱的就是自己。”

无法爱自己的人无法得到幸福。谁会去爱一个不爱自己的人呢?

然而，没有意识到“孤独力”且不成熟的人，大多都是“无法爱上自己”的人。这些人老爱提自己的缺点，自卑地认为：“就是因为这样,我才会一直都孤单一人。”总是郁郁寡欢、沮丧不已。

但这样可不行，只会失去了自我罢了。那么，到底该怎么做才能爱上自己呢？在此提供一个我的珍藏秘方吧！

请试着将自身的优点列成清单。每当我推荐这个方法时，不成熟的“孤单者”都会立刻反驳：“我要是有那么多优点，就不会讨厌自己了呀！除了缺点，其他都想不到啦！”

但其实，优点与缺点几乎是一体两面，所以这论点真是大错特错。例如，一般都认为有“行动力”是优点，但换个角度来看，则会变成“思虑不周”这样的缺点。

另外，“优柔寡断”虽是缺点，却也可将之视为“行事慎重”来发挥。因此，要列出自己的优点是很简单的，把自己认为是缺点的个性，稍微转换个视角，就能看作优点。

我曾经试着使用这个方式来转换一个擅长挑自己毛病的女性所认为的缺点。

她描述了她自己的性格如下：“我很没耐性、易怒，总是感觉焦躁不安，而且很顽固！常常跟别人起冲突。可是我又不擅长表达自己的想法，想说的话常常连十分之一都说不出来。不仅如此，我也很小心眼，一跟别人起冲突，心情就会变得沮丧、闷闷不乐。因为不擅社交，也没什么朋友。”

感觉上是一连串的缺点，但换成优点来表现就会变成：“我个性直爽，不喜欢拐弯抹角。自始至终贯彻自己的想法。虽然常常因为这样与别人起争执，但要表达自己意见的时候，也会贴心地考虑慎选不伤害对方的说法来表达。因此，意外发现自己心思比较细腻，每当和别人起冲突时，就会好好反省自己。我交朋友重质不重量。比起在意交情深浅这点，我更珍视每位朋友，希望跟大家都能建立稳固的友情。”

换个角度来看待，整个感觉都不一样了吧？当那位女性朋友听了这番“转换过”的说法后，也开心地说：“看来我的个性也不是那么糟糕。”

虽然无论怎么换句话说，缺点还是缺点，但如果能够想“缺点也一定有好的一面”，讨厌自己的感觉也会减少许多。同时，希望能努力把缺点变成优点的动力也会随之而来。

某位经营者曾说："要增强工作能力，就要分析成功要因。如此一来，就能好好发挥自身的优点。当然，分析失败的原因也是必要的。只要能做到这些，就可以培育出只属于自己的能力。"

人的个性也是如此。

分析优点比分析缺点更为重要，好好思考如何发挥这些优点，就能够孕育出富有特色的性格了。

请读者务必试着找出自己的优点。然后，抬头挺胸，大声说出："我最爱的是我自己！"

想要拥有"孤独力"，就从这里开始第一步吧。

给自己“休息时间”

没有任何时间比一个人独处的时间还要自由了，这是唯一不需要顾虑任何人、可以随心所欲的时间。

只要觉得自己是“孤独一人”，就会想要找伴，而在这个可以自己一个人“独占”的重要时段，只是抱膝在那边自怨自艾而虚度光阴，不免可惜了。

换个想法看看吧——“这是我能够独处的时间！”如何？这样内心一定能感受到有如解放般的舒畅。

我们在一天当中，大部分的时间几乎都是跟很多人一起度过的。无论是在学校或在公司、在街上或是前往购物的商店里、在餐厅或咖啡厅、与家人一起生活的客厅里，不管在哪里都很难有自己独处的时刻。

所以，这些时候必会在意旁人的眼光、聊天时也会顾虑对方的心情与想法、工作时提醒自己不可以破坏团队精神等，做什么都无法随心所欲，无法从周遭的干涉中找到自保的防身术。

光是那样，内心早已疲惫不堪了。所以，若不给自己一个“能够独处的时间”好好疗愈内心的疲惫，可怜的只有自己而已。不要将寂寞变成压力，要放松心情，悠闲自在地好好享受。

我本身最喜欢“能够一个人独处的时间”，特别珍惜可以坐在那张我非常喜爱的、来自苏格兰北方奥克尼群岛的椅子上，看看书、想想事情，愉快地度过宝贵的时光。让什么孤寂感都毫无乘虚而入的机会，身心都沉浸在自在状态里。

各位年轻朋友们想做的事、喜欢的事应该多得像山一样高吧？

我的一位女性友人说：“我喜爱跟着音乐尽情舞

动。”反正没人看，就算跳得很烂也没关系。

她说，抛开一切，沉浸在想象自己是舞者的气氛中感觉很棒。

享受一个人的时间，还有“搭配舞蹈手势唱歌”“喝着红酒，收集着能够让自己拥有渊博学识的资料”“翻阅古书”“翻出衣柜所有的衣服，走一场个人服装秀”“狂看喜欢的电影”“双手拿着加油棒，观看棒球或足球等运动”等各式各样的方式。

只要一做喜欢的事，就会不知不觉沉醉在那个世界里，完全没有多余的时间去感受“寂寞”之类的东西。而且，喜欢的事就像营养剂一样能让身心都充满活力。

“孤独‘成瘾’后，就会成为一股力量。”这句话完全正确。

话说回来，不论是看书或看电影，大家不也都是一个人吗？如果和很多人一起做这些活动，反而会因为太嘈杂，无法集中精神。而且，当看到一部好戏，感动得快要流下眼泪时，怕被旁人看到而忍住不哭，不是很扫兴吗？

只有在“一个人独处的时间”才能够放纵自己去做喜欢的事。所以，好好地、尽情地享受吧！

给“孤独”的一句话

人生的第一件大事是发现自己，因此人们需要不时孤独和沉思。

——南森

放下手机

听说热衷于网络交友的人越来越多了，应该是因为无法在现实生活中交到朋友而感到寂寞，才会进入那个虚拟世界，寻找交友的机会吧？又或是，在现实生活中的人际关系不好，所以想进入能够隐藏自我而与他人交流的世界？也想借着认识陌生人所感受到的刺激，为寂寞的日常找个出口？

无论什么原因，我能断言：虚拟世界的人际关系终究还是虚幻无实的，根本无法疗愈孤寂。过去曾经造成话题的《电车男》，也就是大家所熟知的秋叶原是御宅族的年轻人，主要原因似乎都是他不擅于处理现实生活中的人际关系所致。

而我个人认为，他们之所以会如此，是因为他们让自己在现实世界中成为没有实体的透明人，使得自己只能在虚拟世界里生存。

就算能因此暂时缓解寂寞，但在内心的某个角落，一定会残留着与看不见的虚拟人交流所产生的空虚感。结果终究也只是加深内心的孤寂而已。

当然，我不是说广泛寻求趣味相投的朋友，或是能够共同分享烦恼痛苦的网友是不好的。也不是说，若要以这个方法作为契机，来建立良好人际关系是不可能的。能够彼此分享烦恼，互相安慰勉励，的确能得到向前迈进的力量。

如果是因孤寂而萌生自杀念头的人，即使能够在虚拟世界吐露自身的痛苦，却由于害怕受伤，而无法对身边的人说出实情，这便是问题。也就是说，只与能够温柔体贴地倾听自己心情或烦恼的人来往，反而会将自己推入孤独的深渊里。

纵使懂得利用网络社群来解决问题，但现实社会中彼此互相伤害的人际关系仍是存在的。和只跟自己有相同想法的人所构成的网络社群不同的是，现实社会里有许多“非理解者”的存在。

要是因此害怕受伤，而完全无法跟任何人直接说出真心话，终究只会再次躲回原本孤独的壳内。

我认为，网络社群只能说是孤单者的暂时避难所而已。千万别忘记，那里只是让自己成为在现实社会中能够清楚地表达自我主张、建立人际关系的彩排场所罢了。所谓人际关系，是在与自己拥有不同价值观的、各式各样的人，彼此真诚地说出内心的想法，在不断沟通、认同对方的存在当中所建立起来的。

只是一心努力想保住自己美好的一面，对任何人都无法敞开心胸，迟迟找不到与自己有同感的人，只会不断受伤，自怨自艾地认为：我就是孤独一人，无法与任何人有交流，也不可能交得到朋友或男女朋友。

为了要能与人心灵相通，必须要拥有不畏受伤的勇气，以及即使遭到背叛，也要能够完全接受的坚强。其实，只要相信自己所拥有的那份勇气和坚强，敞开心胸就行了。举例来说，美国人在电梯里遇到不认识的人，仍然会友善地向对方打声招呼，说些“你好！”“今天好冷喔！”诸如此类的问候。他们认为，在那种状况下，沉默不语反而是不礼貌的，会被认为是可疑人物。所以，无须感到害羞，只要简单地嘘寒问暖，就能瞬间拉近彼此距离。

如果不知该如何对别人敞开心胸，请先试着从这种简单的招呼做起吧！只要稍微面带微笑，试着自己先开口，日后良好的人际关系发展会出乎你意料的多哦！

如此一来，也能够停止和那些虚拟朋友交往的习惯，别再只因感到寂寞就游走于完全不着边际的网络世界里了。其实，当中有不少人只是想利用人性害怕孤寂的弱点，乘虚而入。

请务必牢记这点——真正能互相理解的人就近在咫尺。能和毫无保留表现出最真实的自己交往、共同携手并进的人，只有在现实世界里才存在。

有目的地参加派对

有不少人不喜欢像派对那种聚集很多陌生人的场合。但擅长交际的人，不管对象是谁，都能轻松交谈，并度过愉快时光。

但若是非常怕生、内向的人，就会不知所措了。通常，这些人都只能边想着“只有我自己是孤单一人。好无聊！不想待在这里！好想快点回家”。等着时间一分一秒过去。换句话说，就是当“局外人”。

以我自己为例，除了每天以精神科医师的身份到诊所问诊之外，也加入了日本笔会*、日本旅游作家协会等

* 国际笔会（PEN International/International PEN）的日本分会。其宗旨在于促进世界各国作家之间友谊与智力的合作。

各种团体，出席聚会的机会也因此相当多。在那些场合中，常常可以看见有人独自躲在会场里的角落。

看得出来，他们感到无聊或孤单。然而，也有能够轻松自在地待在会场的人。同样都是“一个人”，但有些人看起来就是有着悲戚感，却也有一些人是散发出优雅且坚定的存在感。

到底为什么会出现这种差异呢？

为此感到不可思议的我，以前曾问过一位乐当派对“局外人”的女性：“不会感到寂寞吗？自己一个人有什么好玩的？”

她回答说：“我好不容易才克服了寂寞，其实到现在为止我还是不喜欢参加派对，所以要是没有任何目的，我不会出席。

“换句话说，我是有目的才出席派对。好比说，想听主办单位的演说、想要享受美食、想感受一下聚集在会场里的人群所酝酿出的现场气氛、又或是想穿某件衣服参加派对，等等。

“当找到一个明确的目的来出席，在会场里非得要跟很多人交流才行的既定观念也会消失，这样就会觉得，即使自己一人也无妨。

“就算是勉强自己跟别人聊天，也仅限于当下的交际应酬，随着派对结束，也就跟着画下句点。所以，就不会再特地做一些无谓的努力。

“而且，也不会因为当‘局外人’就交不到朋友喔！有时也有同为‘局外人’的人靠过来啊！这应该就是所谓的‘物以类聚’吧？

“因为终于找到聊天对象，所以不知不觉地就会一直谈天说地等。而这种状况下，才是可以建立稳固且深刻人际关系的契机呢！”

如她所言，一提到派对，大家都会想到那种乐于到处发出名片的人，但却很少听到他们因此得到重要人脉。相反地，是局外人比较能够建立起少数却精锐的人脉。

虽然到各种不同的地方，多少能扩大交际范围，但若只是浅谈之交，不过就是“群体里的一人”罢了，很难再进一步发展到平常都能保持联系的关系。

如此看来，在派对上当局外人也没什么不好。不妨试试如这位女性所说的："今天要趁这个机会好好大吃美食一番！"

"今天参加的好像都是帅哥美女级的人物，就静静地站在一旁，看个过瘾吧！来做个排行榜也不错。"

"就穿前阵子买的新衣服去参加，当今天派对上最耀眼的局外人！"

利用这些有别于以建立人脉或交朋友的其他目的出席派对，好好享受独自一人的充实感吧。如此一来，会意外地发现参加派对比想象中来得有趣，还能创造出不局限于当天会场里的、真正的人脉之可能性也会提高喔！

保持乐观与好奇心

独自一人时，

即使放个屁，

也一点都不好笑。

虽然是有点粗俗失礼的开头，但当我看到这句诗时，我还是不禁笑了出来。

“放屁”这件事确实能使人发笑，但如果是在独自一人居住的房间里发出“噗”的一声，应该也毫无乐趣可言，一点也不好笑吧。原来，从这样的事也能感受到一人生活的孤寂。

没错！无论如何，独自一人的生活中比较容易欠缺的就是“欢笑”。如果有其他人在，会彼此互相影响，即便不是那么有趣的事情，也常常可以笑得东倒西歪。但如果独处时，就不会那么容易笑出来了。像是，原本想煮饭的，但忘了插电；钱包明明拿在手中，却拼命到处找钱包。就算自己做了什么好笑的糗事，但身旁却没有会因此而笑的人，也就不觉得有什么好笑了。

而且，在看电视或杂志时，看到会不自觉笑出来的地方，听得到的也只有自己的笑声而已。这时，似乎多半是因为感受到回音中夹带的空虚感，而诱发了孤寂。

或许也是因为这个缘故，电视台的综艺节目等会把工作人员的笑声收录进去，当成节目效果。这也可能是电视台希望，不让单独一人看节目的观众陷入寂寞才制作的吧。

暂不管真实原因为何，但对独自一人生活的人而言，最重要的就是“要为一人生活里，添加不让空虚感伴随在其中的‘欢笑’色彩”。

若不刻意做这些事，无论生活中有没有“欢笑”，都会渐渐地受孤寂折磨。

那到底该怎么做呢？最棒的方式就是为了找寻笑话题材，随时保持一颗对任何事物都感兴趣的好奇心。

一个人的生活里可是有许多“笑料”的，例如类似以下这样的事就很有趣：

·看着电视，享受大声说出平常难以说出口的大胆发言的快感。

·听着自己喜欢的音乐，洗完澡后，穿着浴袍体验一场走秀的乐趣。

·穿上和服，在房间正中央摆个坐垫，体验在茶会上摇头吟诗的情趣。

·将炸猪排专用的特大肉片塞满整个平底锅油炸，一边想着“我真是个幸福的人呀！”然后尽情地大口享用。

·接到推销售人员的电话说：“请问是××太太吗？”就顺势假装人妻的口吻应对，享受主妇的感觉。

·料理失败时，可以沾沾自喜地说：“能够享用到这种风味的料理，在这世上也只有我自己了！”

也就是说，任何事情只要刻意把它们想得很有趣，就会变得有趣。而且，只要想着“一定要找个机会跟别人说这些有趣的事”。那么，“寻找趣事”的乐趣也会倍增。同时，还能带来“一定要跟人家说这些事情，一起捧腹大笑一番”这种“后续的欢乐”，可以训练自己说笑话的功力呢！

美国的心理学家威廉·詹姆斯说过：“不是因为快乐才笑，是因为笑才快乐的。”

就如同这句话，不需要理由，试着笑看自己吧！但若觉得只是为了笑而笑有点凄凉，就先把自己当作时下最红的搞笑艺人，再跨出第一步，如何？

这样一来，心情一定能够渐渐地变得愉快又轻松。

好好吃饭

一个人吃饭很无趣。

一个人生活时，往往都是到便利商店买个便当快速解决，或者是迅速做个简单料理，完成后也不盛到碗内，而是整锅直接端上桌吃，对吧？

就算是因为累了不得已才那样做也一样，从今天起，请把那些习惯改掉吧！否则，孤单的餐桌只会更显寂寞。

倒也不是说每天都得精心制作料理，如果真的很忙，觉得煮饭麻烦，去买现成的熟食也行。即使是简单的快餐也好，只是建议各位在开动前多下点功夫、花点巧思。

现在是男人料理正流行的时代，所以这些方法不只建议给女性读者，也非常推荐男性读者试试，例如——

· 将买来的现成熟食或便当加热后，盛装到自己喜欢的餐具里来享用。

· 偶尔选用一些比较高价位的食材烹调。

·利用桌巾或餐垫等将餐桌布置得更豪华一些。

· 准备一道甜点，享用套餐式料理。

· 在花瓶里插上一朵花后，摆上餐桌装饰。

· 将室内灯光稍微调暗些，再点上蜡烛。

只要像这样稍微花点心思准备，一个人的餐桌也会“很热闹”。

而在休假之类的闲暇时间，试着挑战下厨亲手做料理也很不错。

料理属于一种创作型的工作，只要试着动手做，就能感受到其中的乐趣。

不要总说：“又没有要煮给谁吃，完全没有意愿下厨。”

自我赞美就好啦！只要想着即将要享用美食的不是

别人，而是你最爱的“自己”，这样就值得你下厨，大显身手了。

料理是身心的营养来源。若没有带着幸福的心情用餐，就会糟蹋了宝贵的营养价值。正因为是一人餐桌，才更需要“热闹”。

给“孤独”的一句话

不爱自己的人，也无法爱别人。

——卡缪

好好阅读

某位朋友跟我分享了，他前阵子在咖啡厅无意间听到隔壁桌看似是学姐学妹关系的两个女孩聊天的内容——

“你都随身携带字典呀？”

“嗯？这不是字典，是书啦。”

“好厚一本喔！什么书？”

“佐藤爱子写的《血脉》，一套三册，这是第二本。”

“喔？看来，全部读完大概要花上一辈子的时间呢！你真的很喜欢看书耶！”

“对呀！我最爱看书了。因为它们是我最重要的朋友！”

“书是你的朋友？会不会太寂寞了呀？”

“怎么会？书里面不是会出现很多人物吗？他们跟我说很多形形色色不同的事情，而且还会告诉我一堆在这世上我所不知道的事情，一点都不寂寞啊。你不喜欢看书吗？”

“我平常几乎不看书，所以也说不上喜欢还是讨厌。”

“那样才寂寞吧！只要看书，就可以跟在现实生活中无法认识的人交朋友。像我，跟卑弥呼*和源义经**就像是好朋友一样。而且，就算是窝在家里，也可以到法国革命时期的巴黎、IT的发祥地硅谷、京都的百年老店等各地去旅游，真的很好玩喔！”

“听你这么一说，感觉不看书，好像损失重大的样子。”

“是不是？看看书吧！在通勤的电车内看书，绝对比传信息还要有趣。”

---

*　古代日本邪马台国的女王。

**　源义经为日本人爱戴的传统英雄之一。其生平具有传奇与悲剧性色彩，许多故事、戏剧里都有他的相关描述。

虽然这是那位男性友人无意间听到的对话，但我真的相当钦佩那位说出“书是最重要的朋友”的女孩，她说了非常棒的话。

在阅读有趣的书籍时，就会沉浸在其中而忘记寂寞，就像交到知心好友那般。如同那位女孩说的，书里有很多能带领我们到未知世界的人，虽然无法直接和那些人交谈，但那却会是一场心与心的交流。

偶尔把自己扮成书中的主角思考或行动；与作者持有不同看法时，就提出异议；又或是通过登场人物之间的人际关系，学习与人交往的智能；等等，这些都是与现实世界不同，会令人感到雀跃不已、非比寻常的体验。

纯文学、推理小说、娱乐小说、历史小说、写实作品、传记、诗集、散文……无论是哪一类型的书，里头都描写着实际生活中拥有多样不同价值观的人所经营的人生。

换言之，通过阅读书籍就能够模拟、体验各种多彩多姿的他人人生。

听说，最近的年轻人出现“文字脱离”[*]的现象越来越严重，我想那是因为有很多人“不先阅读就说讨厌”的缘故吧。只要一开始阅读，就能了解其中的乐趣。

请各位读者也把书当成最重要的朋友，它必会成为各位取得幸福人生的精神食粮。

---

* 指在高识字率国家，书、报刊等文字刊物利用率下降的情况。

好好打扮

某位老人看护中心的员工曾跟我说，即使已经是终年卧床的女性长辈，只要帮她化个淡妆、将头发梳理整齐，瞬间她的表情就变得相当有朝气。

此外，几乎没有家人会来探望，也无法和看护中心里的人亲近，总是待在房间里眺望庭院的女性长辈也一样，当定期来为她们梳妆打扮的义工替她们装扮一番后，多少都会变得更开朗、积极。

看来，无论到了几岁，装扮自己对女性来说，似乎是元气的来源。但我想，男性也一样，只要穿上西装，整个人看起来就是神清气爽、精神抖擞。

要是没和朋友相约外出，孤零零地度过周末，就会整天穿着睡衣，待在家里无所事事……大家应该都有过这样的经验吧？头发乱糟糟，脸也随便洗一洗，一脸阴沉表情如乌云密布，糟糕到无法见人。

或是，某个精神不佳的日子，睡眼惺忪，头发也没梳整齐，顺手拿起身边的衣服换上后就出门上班去。应该也有过这种状况吧？头低到不能再低、弯腰驼背、心中默默祈祷着不要跟其他人有视线接触。

大部分的人看到这里，应该都在点头回答：“有！有！”

不过呢，偶尔有这样的状况也无妨。只是，当自己正处于因孤寂而意志消沉，或心情沮丧时，这样做是不妥的，只会让自己的心思更加散漫怠惰。

虽然在那种日子会觉得做什么事都很麻烦，但就是因为这样才更需要振奋精神，告诉自己“至少外表也要打扮得体，穿上清洁整齐的服装”，比平常更用心装扮自己才行。

在低潮的日子里，内心状态会自然地从脸上流露出来，因此必须花点心思打扮打扮，让别人看到自己充满活力、神采奕奕的模样。

女性只要稍微上个妆，感觉就会像变个人似的；男性只要佩戴一条较华丽的领带，或是把皮鞋擦得亮晶晶的，稍微下点小功夫，整个人看起来就会变得非常清爽。

任何人都是“从外形得到元气”的。所以，先整理一下整体外形，让自己“就算是在精神不佳的时候，看起来也是精神饱满”，也可说是一种不输给孤独的自己的习惯。

给“孤独”的一句话

要是完全没有自我感觉良好的想法，那这世上也就没什么乐趣可言了。

——拉罗什福科

奖励自己

无论是工作也好，兴趣也罢，只要在某方面拼命努力得到成果时，得到别人的赞赏，会是一件令人感到很高兴的事。

只是，事实上并非努力就能得到别人的赞赏。

“能做到那种程度，是理所当然的吧！”

“只能做到那种程度吗？”

出乎意外地，反而会出现比较多这种较低的评价。

此时，多数人都会因此感到沮丧，难过地认为：“为什么这么努力还得不到大家的认同？为什么得不到正面评价呢？”

但是，我个人认为，想要从别人口中得到赞赏的想法，本身就是错误的。并不是为了要得到谁的赞美而努力，而是为了达成目标，才尽己所能。

至于要不要赞赏你的努力，决定权也是在他人手上。所以，抱怨“得不到赞赏”这种说法本就是不合理的。

虽然这种说法你有些不能接受，但跟大家分享一件好消息吧！确实有一位能够赞美并认同你的努力的人存在，各位觉得那个人会是谁？

那就是，真正了解自己有多么努力的你本人。

先不管别人是否会给予评价，对于自己竭尽心力去做的事，经过一番努力，终于得到自己能够认同的结果后，就先给自己赞美一番，如何？这样对我们的心真的会有非常棒的疗愈效果。

同时，还会更有精神与活力，并且告诉自己：“下次也要加油！”

说到这，让我想起马拉松选手谷川真理在接受报社采访时，曾说：“我买了瑞士表来奖励自己这次能够跑完全程。”据传，可是一只价值高达百万日元左右的钻石表呢！

我已经不记得是哪一场比赛，但对她而言应该是获得了相当大的成就感吧？我想，那只手表也可说是她赞赏自己战胜马拉松这场孤独竞赛的金牌。

任何人心中都有一两个认为“好奢侈！但多努力一点，我应该也有能力购买”的高级品。当然，也有人是怀着“到国外高级度假村去转换心情，放松一下！”或是“到顶级餐厅优雅地享受美食”之类的梦想。

将这些愿望当成迈向成功的明确目标，我认为是非常棒的。至少，这比起只是单纯想要，就用贷款的方式购买；或是为了抒发压力而购买高价奢侈品…… 还要有意义多了。

“就由自己来给付出努力的自己赞美吧！”这是给在人生舞台上孤军奋战的自己奖励，也是让心灵丰富、充满元气的方法。

给“孤独”的一句话

寻找朋友的人是不幸的。因为真正最忠实的朋友，只有自己。

——梭罗

拓展交际

讨厌那个人、也不喜欢这个人、不知道怎么跟她相处、跟他合不来、就是无法喜欢那个人……大多数和别人合不来的人都是因为自己有很多“讨厌的人”。因此，很容易就陷入“我没什么朋友，都是孤单一人”的感觉。

若要问为什么会变成那样，答案是因为自己在无意识中拒绝接受和自己拥有不同价值观的人之故。如果不是与自己拥有相同价值观的人，就无法安心地敞开心胸与对方交往。

不如先换个想法吧！先不刻意将“因为和自己价值观不同，所以合不来”的人排除在自己的人际关系之外，而是把那“不同”视为“有趣”。如此，关于这个人的事情，就会心想：“他到底是怎么想的呢？他的价值观到底是怎么样的呢？虽然无法认同，但应该有其优点所在。到底是什么呢？”进而开始对这个人感兴趣。

想要多了解对方的那种心情，就是人际关系的起点。就从了解多样化的价值观这方面来看，先不管自己喜欢与否，我想无论对方是谁，应该都有值得试着认识的价值。

话说回来，正因为打从一开始就希望和对方成为朋友，或是希望对方和自己产生同感，才会觉得独自一人很痛苦。但其实，这些观念并不正确，我们应该以“不可能有和自己想法举止都一模一样的人”为前提，试着与人交往。

在感受他人与自己不同之处的乐趣时，也可以有享受一个人独处的心之余裕。即便无法交到挚友，但朋友人数增加，人际关系的范围也会大幅扩展。

另外，当我们不拒绝对方令自己生厌的部分，反而是将之看作优点，内心就会感觉比较宽裕，找到能让他发挥优点的时刻。假如可以做到这点，在以下这类的状况和心情下，也能拥有知心好友的陪伴——

“真希望现在有人能痛斥我一顿，希望那个不喜欢拐弯抹角、个性正直又严厉的朋友听我说话。”

“最近心情浮躁，激动过度，想跟那个凡事谨慎又冷静的朋友来见个面，好让我的情绪可以稳定下来。”等等。

或许会有些困难，但所谓的人际关系，就是要在对的地方与对的人交往才最重要。而且，更应把自己不欣赏对方的部分当成镜子，真诚学习他的优点来磨炼自己的个性。如此，就能够自然而然地了解什么样的言行举止，会伤害别人，而什么样的行为会令人高兴。

不拘泥于个人好恶，只要尽量跟各式各样的人来往，就能得到不少好处。

“这个人和那个人都跟我合不来。我就是注定要独自一人，真的好寂寞。”要是因此感到沮丧，那才真的是损失重大。遇到越多跟自己不一样的人，越能学到不同的价值观。必须要注意的是，当彼此能够顺利来往后，千万不要勉强对方配合自己。

“尊重并且接受”对方的价值观，与“顺从”是不一样的。与自己的价值观相互比较后，再找出平衡，可说是所谓的“人际关系”吧。

“接受对方的同时，也能够表达出自身的主张”，才是“跟任何人都能顺利交友”的真正含意。

给“孤独”的一句话

拥有崇高思想的人绝对不孤单。

——菲利普·西德尼

自由行动

不太记得是什么时候的事情了。

这是某日我到某大楼地下楼层的荞麦面店里用餐，所看到的情形。不知道是不是晚上七点前偏非用餐时间，店内几乎没什么客人。仔细环顾四周，看到约有五位女性顾客各自单独坐在四人座的餐桌旁。

这五位分别为不同年龄层的女性客人，有看起来像是年轻粉领族、大学生，也有像是刚买完东西准备回家的家庭主妇，每位女客人都大大方方，一口接一口地吃着荞麦面。

也许是我思想比较古板，看到这情景令我有点讶异。以前不太可能看得到“女性独自外食”的情形，而通过眼前的景象也让我了解到，独立自主的女性越来越多了。那五位女性顾客给人的感觉很从容自在。

至于男性客人当中，有一位长相较凶恶，宛如池波正太郎*笔下的警匪时代小说里的男主角。男性出现在荞麦面店这种景象原本就是理所当然，但最近越来越少看到了，让人觉得有点寂寞。

但那些独自前来的女性客人一点都感觉不出来很孤单，不知是否已经很习惯在这用餐的缘故，神色自若。而另外一位男客人则是眼神飘移，看起来焦躁不安。

不是只有荞麦面店如此，最近在咖啡厅或餐厅、酒吧等处，也时常看得到享受着一人时光的女性。这就是对自己拥有自信，能够拥有愉快的“独自一人世界”的女性日渐增加的证明，令人感到高兴。

只是，像这类“能够独自一人行动”的女性可能仍是少数吧？用餐的时候就不用说了，去看舞台剧或电影、听演唱会、看球赛、美术馆，或是参加专题研讨会等，

---

* 知名小说家，亦是著名美食家、电影评论家。

大多数的人还是会觉得找个伴一起去，不然就不去了。

当然，有伴一起外出很快乐，所以还是会觉得，约人一同外出很不错吧。但要是只因为找不到伴，就不想去吃美食、不想看电影或展览、不想听演唱（奏）会，这“孤独力的修炼”可就稍嫌不足了。

这类人或许还没意识到，一个人行动反而更自在，可以随心所欲地做自己想做的事吧。

有一位说喜欢一人旅行的开朗女性，曾跟我分享了她为什么会喜欢一人旅行的原因。

她说：“我以前也是不管去到哪里都要找伴。因为朋友都是单身、工作也比较空闲的粉领，时间上可以配合，所以很容易就找得到伴。

“但是，女性朋友们的生活环境会渐渐变成不容易与朋友们聚在一起。其中，有人致力于工作，有人努力整顿家务和照顾小孩，也有人是工作与家庭都能兼顾，有人非常空闲，各式各样的生活状况都有。所以，慢慢就很难找到能够配合自己时间的人了。而且，每个人的兴趣也都不同，要找伴相当不容易。

“于是，我决定放弃找伴，只要想去的地方就自己一个人去。刚开始的确会因为独自行动而感到不自在，但很快就习惯了。

“最主要的原因，就是不需要再想‘约她看看吧？可是她很忙？她应该对这没兴趣吧？’之类，只要依照自己的行程选好日子就好，让我觉得很轻松。一人旅行绝对会上瘾。”

听说她身旁的人常问她：“一个人去好玩吗？不会寂寞吗？”但她总是用肯定的语气回答：“找不到伴才更寂寞呢！”

之所以会感到寂寞，主要是因为没有可以分享内心感动的人，或是没有能一起交换感想或意见的时间。但一个人的话，就不会因别人的意见左右行动，能够单纯用自己的感觉去体会当天的经验等，将之视为优点，就不会觉得孤寂了。

“能够享受一个人的行动时间”的人才能真正认识

自己，深具吸引力。一个人时的模样如画一般精彩，试着将这当成目标努力看看吧！我保证，会磨炼出你自己的动人魅力。

一个人旅行

在我的朋友当中，有一位非常喜欢一个人旅行的女性朋友。当然她也会跟朋友一起出门，不过，她说："我有六成的时间都是自己去旅行。我认为，想出发的时候就是好日子。"

她还说："我们不知道何时会突然冒出想去旅行的冲动，对吧？可能因为看到旅游节目而感兴趣、莫名其妙被连续剧里出现的场景吸引、看到街头海报而触发旅行的冲动、看了历史小说萌生出一探究竟的好奇心，等等。当因为这些契机涌出了'我想去看看！'的想法时，巴不得明天就出发。

"还有，突然多出空暇的时间，或是虽然没有外出的计划，但天气很好，很适合外出等，就会燃起一股想要旅行的心情。

“像是这些突发状况，实在没有多余的时间去找伴。而且，因为都是临时起意，也不好意思硬把别人拉进来。”

一个人旅行的时候，她尽可能将住宿费和餐费控制到最低，全心专注在观光上，尽情享受不寂寞的自由旅程。

“民宿、青年旅馆等便宜的住宿很有居家感，可以和房东或其他旅人变成好朋友。没有不习惯在这种旅舍投宿的旅伴在旁，反而能够认识更多人，更乐在其中。到目的地时，单独旅行者也会遇到对你特别亲切的人，所以一个人旅行是绝对不会感到寂寞的。

“而且，也不需要顾虑别人，想去哪就去哪，整个行程都可以自由调整，要在某个定点待上几个小时也可以自己决定，这也是我喜欢一个人旅行的原因之一。”

她还提到一个“更赞的优点”，那就是“一个人旅行会有更深层的求知欲或感动”。如果有旅伴，总觉得要聊聊天比较好，或是可能会被对方的价值观影响。

也就是说，“亲眼感受”的时间会被剥夺。确实！如果是好几个人一起去旅行，似乎通常会记不得看了哪些东西……

不过，有旅伴的旅行当然也有其乐趣所在。像是可以住在豪华饭店，或是享受稍微奢侈的餐点等，而这些是一个人旅行比较无法享受的。

正因为能和亲近的人聊天，所以内心的感动会更深刻。此外，旅伴也会帮忙提出自己没想到的旅游行程。光是这样就能够扩大增广见闻的机会。

的确！但要是可以灵活运用一个人旅行和携伴旅行两者的优点，旅行的乐趣也会更多。

“因为找不到伴就放弃自己期待的旅行！”这样真的就只能说是“孤独力”的道行还不够。舍弃“一个人旅行很孤寂”的既定想法，随心所欲、轻松自在地旅行去吧！一定能乐在其中的。

给“孤独”的一句话

社交场中的闲逸是令人厌恶的，因为它是被迫的；孤独生活中的闲逸是愉快的，因为它是自由的、出于自愿的。

——卢梭

偶尔奢侈

“孤独”的优点就是可以不需要顾虑任何人。

有个名词叫作“单身贵族”，意思就是“单身时期（和已婚有家庭的人相较之下）有很多可自由运用的金钱，所以可以享受奢侈的生活”。

这个名词或许早已被淘汰了，但是单身的人可以过比较奢侈一些的生活这点应该没有改变。

从这点来看，享受“小小的奢侈”则是包含在一个人生活的“孤独者”在内的单身一族的特权。

譬如，在超市看到一颗三百日元的水果，看起来真的很美味可口。这时，任谁都会有“好想吃！但好贵喔！”的想法吧？如果是跟家人一起住，就得依照人数来购买所需分量，最后只好放弃。

但买一个的话，虽是高单价的水果，也不会支付过多，所以买了也没有负担。只要把这想成是一个人能够好好享受的、难得的幸福，即使平常都是吃一个五十日元的水果，购入这颗三百日元的水果也不算太高的“消费”。

冰激淋、蛋糕、肉、鱼等食物就不提了，但像香皂或洗发精、牙膏、面纸、玻璃杯、餐盘等日常生活用品，选购价格稍高者，应该也不至于对生活有太大的影响。

而且，一个人使用的日常生活用品消耗量比较少，用生活成本来考虑，只有些微的差异，心情上也觉得很宽裕。

而去旅行或外出时的花费也是如此。以家族为单位，会是一笔相当可观的费用，因此必须“尽可能以省钱为主”。

但一个人的话，或许只需花费到家族旅游费的三分之一，甚至五分之一的金额就能成行。一年偶尔试着数次大方且大胆花费，超越平常有节制的生活，是不会遭天谴的。

住在稍微高级点的饭店、坐在上等S席*观看舞台剧、品尝高档的套餐料理，或者搭乘新干线时，选择绿色车厢**座位等，享受稍微奢侈点的生活也很好。

我之所以会推荐“小奢侈”的原因，是可以让我们更有朝气、更有活力。虽然金钱上会短少，但内心会感到很富足。

当然，也有很多不需花钱就能享乐的方式。只是像这种有物品或服务等附加的“特别价值”，还是得要花钱才能到手。

我个人认为，这种“特别价值”与“花点小钱就能了事”的不同之处在于，前者可以提高自己品性的价值观。

我并不是要大家过那种超过自己身份和经济的奢侈

---

* “S席”为剧场或音乐会等表演会场中最高价的座位。

** 绿色车厢(Green Car)是日本国铁或是日本铁路公司的车厢中，比一般车厢座位宽敞、设备较豪华的特别车厢，因此票价较高。

生活，而是偶尔在经济的允许范围里，来个“小奢侈”，为自己独自的幸福添加色彩。

换言之，就是“光存钱，体内会充满不好的气；使用金钱，则可以让体内的气得到循环，让身体充满精神与活力。年轻时之所以能充满元气，事实上就是因为没有金钱束缚的关系”。

偶尔大方地花钱享受“小奢侈”，也是让身心得到元气的秘诀。

寻找疗愈小物

数年前，女演员檀富美写了一本名为《不感谢》的书，里头有句话相当吸引我：“就是因为感到寂寞，才会开始使用‘计步器’。”

也因为这样，我对这本书很感兴趣，继续读下去，也不禁赞同起来：“原来如此！看来计步器也有可能疗愈寂寞的心灵。”

檀富美有一年在名古屋出外景，拍摄连续剧，在饭店里住了长达两个月以上，而生日也就在饭店度过。

饭店收到许多祝贺檀富美“生日快乐”的传真、花束、花篮。摄影棚内也放了“生日快乐”歌，一同演出的演员们也献上一大把花束。

感觉上是个非常幸福的生日，但那天也仅收到“物质献礼”，没有任何“人的祝贺”。那天晚上，她似乎是一人用餐的样子。

檀富美感到很庆幸，不知为何那天的寂寞感好像从计步器得到了疗愈。她在书里写道：“在一成不变的无聊日常生活里，涌现了一点干劲。”

不管步数多寡，计步器上都会清楚地显示。因此她刻意选择距离电视台较远的饭店，或是会因为被分配到离电梯很远的房间而感到雀跃。

另外，由于要不停往返摄影棚和更衣间，本来非常讨厌换衣服的她，也变得乐于做这件事了……看来檀富美非常享受计步器在计步时发出的“滴滴滴”的声响。

在内心觉得寂寞时，掀开外套，偷瞄一下挂在腰际上的计步器，就会得到些许安慰。

只是一个计步器就能有这样的效果，各位要不要也试试看呢？

独自一人度过节假日的时候，就算不想出门，如果挂上计步器，或许就会充满活力而外出。而且，计步器配合我们的动作所发出的声响，好像也蛮有趣的，感觉动作都会因此变得更协调，更有韵律感。

我想，一定还有其他像计步器这样，可以让自己和行动合而为一的小东西。试着去找找适合自己的“疗愈小物”吧！

给“孤独”的一句话

屋里无书，堪比身体没有灵魂。

——西赛罗

第五章

让孤独成为幸福

找到自己真正喜欢的事

最近为“依赖症”所苦的年轻人越来越多了。

所谓的“依赖症”就是因为内心无法感到满足，而寻求一时的快感，并且让依赖程度扩大到若失去了它就活不下。

像是，酒精依赖症、购物依赖症、巧克力依赖症、性依赖症、手机依赖症……大多数陷入这些各式各样依赖症的人都会痛苦地说：“真的很想戒，但却戒不掉！”

但这些人觉得内心充满幸福感时，顶多也只有在得到那些快感的瞬间而已。之后就会立即再遭到空虚感的袭击，于是寻求“再多一些！再多一点！”那种快感的频率和量就会渐渐增加。可伴随而来的，只是无限扩张的空虚。

简述其原因，就是因为无法如己所愿、活出自我等压力所导致，而大多数主要还是出于寂寞之故。

譬如，有位陷入巧克力依赖症的女性就是这样。她上班的地方只有三名女职员。而另外两位女同事感情很好，完全没有让她加入的空间；男同事则几乎整天都是在跑外务，所以她没有可以聊天说话的对象，也没有需要跟其他同事共同完成的工作，因此一直觉得很孤单。

她说："一般粉领族不是都会在办公桌抽屉里备着点心吗？觉得有点饿的时候，可以当零食。我以前也是这样。而且我发现，只要一吃巧克力，内心就会感到一股不可思议的畅快。

"渐渐地，我就养成每当感到寂寞，就要吃一颗巧克力的习惯了。回过神来，我才发现，置物柜内已经储藏了大量的巧克力。只要开始吃一颗，立刻就会吃光整盒。而且，想吃却没得吃时，就会陷入恐慌。如果不经常先买好存起来，就会感到不安。

"只是寂寞得到了慰藉，也只有在买了大量巧克力的那个瞬间，以及吃巧克力当下而已。因为这样，我的钱不但越来越少，体重还不断上升，内心的空虚感也逐渐扩大，每天真的都很痛苦。”

即使曾是为依赖症所苦的她，几经挫折后，现在也终于成功地戒掉巧克力了。那她到底是用什么方法克服“依赖症”的呢？有两个重点，其一，每天都把“今天花了多少钱买巧克力？体重有多重？”等这些状况记录下来。这是用具体的数值来测量依赖之程度。

只要边看着那些数据，边写下简短的反省文，就会再度明白到自己有多么傻。同时，也会发现，即使吃完了巧克力，寂寞感也绝不会就此消失。

这方法比只在内心一直烦恼着“戒掉吧！快点戒掉吧！”来得更有效果。客观地检视自己，就会有决心“戒掉巧克力”。

其二，就是致力于自己热衷的事来减少对巧克力的关注，她重新投入自己曾在高中时很热衷的兴趣——编织。

利用原本寂寞的午餐时间来编织毛线，就不会感到特别孤单。在一个人生活的房里度过的孤单长夜，投入于编织时，心情也会感到愉快。

像这样，让自己热衷于某事物，孤寂就不会再那么强烈了。她也因此逐渐不会那么渴求以吃巧克力的方式来甩掉孤单。

通过这位女性的例子应该就能够了解，孤寂无法靠物欲埋藏起来。最后终究会明白，能够填满内心“幸福空间”的并非是酒精或巧克力、购物带来的快感，而是做自己喜欢做的事所度过的时光。

换言之，一个人做自己喜欢做的事度过的时间，能够提高我们正向的力量和孤独力。

给“孤独”的一句话

假如你在世界上是孤独的，完全孤独的，你就把这种孤独用作你的安慰和你的力量。

——霍华德·法斯特

试试与自己对话

明明有好多话想说，但却没有可以说话的对象，在这种状况下，任谁都会感到寂寞。不过，无须因此而丧气消沉。因为，会诚挚地听你说话的人就近在身边，那就是——你本人。

或许很多人不知道这个节目。以前，内海宫土理主持的《淘气房间》这个儿童节目里，有一幕是对着镜子说："魔镜呀！魔镜！请让我跟大家见面吧！"所以，不妨试着效仿这幕，对镜子里的自己说："今天过得如何？"

或许你会觉得"那样未免也太悲哀了吧！"

但就当受骗一次，请尝试做一次看看吧！你会意外地发现，其实那样还蛮好玩、蛮有趣的。

而这个“与镜子对谈”主要有五大优点——

第一个优点，就是能够近距离接触自己塑造出的“理想中的自己”。

以前，远藤周作先生曾在他的某散文集里提到：

“每天早上都会对着镜子说‘我要当上社长！’之后再去上班的人，不久之后就真的当上社长了。”

对着镜子里的自己高谈梦想，并让梦想成真，这听起来好像是童话故事一般，但远藤先生确实就是用诙谐的口吻，写下了镜子所拥有的不可思议的魔力。

但也切记，听说有“不能将对镜子说的事情告诉别人！”之类的说法，否则魔法好像会被解除呢！

第二个优点就是，可以把烦闷的心情全部宣泄出来。

因为说话对象就是自己，所以不需有任何顾虑，想说什么就说什么。当天若遇到不高兴的事，可以尽情抱怨；遇到高兴的，则能尽兴享受喜悦；难过时，独自啜泣；有烦恼时，就大大诉苦。

像这样，将盘旋在心中的混乱全都化为语言倾泻而出，感觉就会无比舒畅。而且，原本因为没有说话对象而感受到的孤寂，早就不知被吹到哪儿，消失得无影无踪。

第三个优点是，可以好好整理自己的想法。

镜子里的自己总会诚挚地听你说话。不会插嘴、也不会抱怨：“这真是无聊！”就撇过头去，对你不理不睬。

所以，连在跟别人说话时，不得不简略的细节全都能巨细无遗地说出来。

而在那过程中所孕育出来的，就是具逻辑性的思考。吐露出复杂情绪时，自己到底有什么感觉？到底是怎么想的？做了什么？等等，都会变得明确，也就能从中清楚地知道自己到底想怎么做。

将脑海里想的事情换作语言表达，整理出来的思绪有条不紊到可能连自己都会吓一跳。

第四个优点就是，能够告别不愉快的心情。

特别是把生气或是难过、怨恨、忌妒、痛苦等负面情绪抒发出来时，就会发现，在这些情绪中的自己，脸部表情有多么丑陋。

因为，那就像是将内心丑陋的表情投影在镜子里呈现出来。就算不喜欢，也得面对那样的自己。而当看到自己那模样，会有什么感觉呢？自然而然地就会倾向于“为了要有更棒的表情，必须改变才行。”

也就是说，原本被坏情绪覆盖的内心会开始出现，想寻求一道光明，将负面情绪转成正面情绪的想法。

相对地，若是聊到开心愉快的事情时的自己，呈现出来的一定是很棒的表情。如此一来，就会对自己更有自信。

第五个优点就是，可以训练自己的脸部表情肌肉，变得更帅气、更漂亮。

所谓拥有魅力的帅哥美女，重点不在长相，而是表情。无论长得再怎么俊美，面无表情就是“暴殄天物”。反之，就算不是世人眼中的帅哥美女，但拥有丰富表情的人才拥有真正的美貌。

“与镜子对谈”时，喜怒哀乐会自然而然地、毫无掩饰地流露，因此也就能够轻松训练出脸部肌肉。光是这些好处，你不觉得“与镜子对谈”相当值得一试吗?

由于没有别人在旁边看，也不用觉得不好意思。寂寞时，就当自己的说话对象，试试“与镜子对谈”吧！即使一个人，也会感到心情愉悦。

镜子，就是让自己拥有孤独力的最佳小物品。

给“孤独”的一句话

能与自己娓娓而谈的人决不会感到孤独。

——马克斯威尔·马尔兹

三行日记

生活悠闲自在时，即使一个人也不太会感到孤单。

而日常生活里遇到的各种压力，都能在当日抒发掉，那么应该就可以预防罹患“孤单病”了吧？

因此，我向各位推荐“三行日记”。

说到写日记，文笔不佳的人一定会立刻皱起眉头。或许有人会说：“写日记这件事本身就是个压力啊！”

但只要写三行就可以了，算是轻松的挑战吧？

其实，我也会为自己的记事本另外命名为“焦躁不安记事本”，而且里面写的就是“三行日记”。

每天晚上，我会回想一整天发生的事，从中挑选出印象最深刻的，用最真实的心情把它们写下来。

如果发生了会想直接对老婆大骂“这个家伙！”的事，就会告诉自己，这样是不对的。又或是，将在书报杂志上看到的感动语句抄写下来，并附上“看到了很棒的话，真是幸福！”之类的感想。所以，“三行日记”里可以记录各式各样的内容。

尤其，就“预防精神疾病的保健方法”这方面来看，其好处是能立刻解决造成负面情绪的事，不会让它们一直延宕下去。

我听说，有位女性朋友还为“三行日记”设定了一个规则。那就是，最后都要用正面积极的话语来结尾。

“令人感到不高兴的事总是很难从脑海中移除，譬如，在路上被不明物体绊倒，就会立刻觉得真是倒霉！但就算没有因为这样跌倒，也不会觉得今天真是太幸运了！

“所以，我发现写‘三行日记’时，通常都是写自己很生气的事。虽然光是这样，怒气或焦躁不安的心情多少都能舒缓一些，但还是会觉得稍嫌不足。

“仔细思考后才明白，那是因为情绪仍停留在负面状态里。要是不转化到正向情绪，就无法拥有可消除当日的压力，并向明天迈进的元气。

“只要试着做做看就会知道，将这规则当成自己的课题，自然而然地就会去找出这些令人讨厌的事情，对自己来说也不完全是百害而无一利。

“倘若找不出优点，就很难转换成正面的思考。

“在这样的过程中，也能自我反省，以他人为借鉴，修正自己的过错。消除压力的同时，能够自我成长，可说是一石二鸟呢！”

如同这位女性朋友所言，对于讨厌的事光抱怨叹息，是不会有所进步的。在将焦躁不安或气愤难平的事全部说出来的同时，也要反省并学习，将负面情绪转化成正面情绪才是。

只要开始做到这点，讨厌的事不但不会延续下去，还能神采奕奕迈向明天，也不会一个人失落或沉溺在孤寂里，而是可以过着心情平稳的日常。

给“孤独”的一句话

名作通常是孤独下的产物。

——歌德

分享内心的喜悦

之前读卖新闻的“交流广场”专栏上，刊载了来自读者们的温馨投稿，标题是“三个世代的女性博客”。

所谓博客，就是在网络上公开自己的日常生活杂记之类的，虽然我不太懂博客，但在年轻人之间似乎很流行，大家乐于在博客里自我推荐，或是和不特定的多数人相互交流，好像很有趣的样子。

而这篇文章的投稿者是住在前桥市一位五十岁的女性，分享在她和婆婆，以及女儿这三个世代女性身上所发生的故事。在此，将内容简略地与读者分享。

这位老奶奶的天职，就是把自己花三天时间熬煮的咖喱或熟食装入保鲜盒后，分送给大家。但就在某日，老奶奶突然很伤感地跟这位媳妇说：

“我死后，这些料理也会随着我消失在这世上吧？”

孙女从妈妈那边听到这件事之后，就决定要帮奶奶制作一个博客。

从那天起，妈妈开始帮奶奶拍了照，连同奶奶的近况一起传给住在东京的女儿。女儿再依照从妈妈那边得到的信息，贴到博客上。

这个博客以“奶奶的博客”为名经营了半年后，奶奶在七十九岁的生日当天收到了许多祝贺留言。真的是个非常温馨的故事。

听说，通过博客来介绍自己亲手做的料理，和来自读者们的众多留言，老奶奶担心料理会失传的落寞也得到了慰藉，脸上也多了灿烂的笑容。

这位老奶奶一定很感谢贴心的媳妇和为她经营博客的孙女吧。看完这篇文章后，我想，博客也可以成为疗愈“害怕孤寂”这种病症的方法。

大多数害怕孤单的人，通常内心都极度渴望得到大家的认同，希望有人能够听听自己说话，但似乎又不擅长表现自我。

关于这点，若能借由博客，自由地分享关于自己的事，同时也可以和来博客阅读文章的读者交流。

而且，我认为，一旦开始在博客上发文后，也能变得更有创造力和想象力。如果只因自己一个人不太方便做的事情就不去执行，这样很快就找不到可以在博客上分享的题材。

在经营博客时，或许会不知不觉让自己拥有孤独力，言行举止也更坚定、更有自信。

给“孤独”的一句话

忍受孤寂或者比忍受贫困需要更大的毅力，贫困可能会降低人的身价，但是孤寂却可能败坏人的性格。

——狄德罗

开怀大笑

没有人在感到寂寞时，还能笑得出来。因为没有那种心情。

就算看了平常都认为好笑的综艺节目，也都觉得无聊又难笑，便关掉电视；即使听某人说笑话，大家都已经笑到翻，但只有自己一人会绷着脸想："到底有什么好笑的？"

是吧？我能了解那种心情。再怎么愉快的事，如果当下自己心情不好，也很难乐在其中。

然而，越是远离开怀大笑的生活，就越是寂寞。所以，在这种状况下，即使很勉强，也试着开怀大笑吧！

可千万别说什么"怎么可能笑得出来！"之类的话。

让自己“开怀大笑”的方法有两种——其一，就算是没有任何能让自己笑得出来的趣事，总之就先试着一个人“哇……哈哈哈哈！”地大笑一下。

或许一开始只是假笑，但在不断使劲大笑当中，心情真的会渐渐开朗起来。这个方法是我向滨口平吾*学的。

以“使尽全力！使尽全力！使尽全力！”这句话出名的滨口，也是哈哈大笑的名人。他曾在电视节目上说过：“在我们家，吵架是家常便饭，但最后都是在大家一起用丹田的力气‘哇……哈哈哈哈’的大笑中收场的。”

听他说，有好几次都是像这样，发现刚刚吵的事情真的很蠢，所以最后也就化解了坚硬的心。

孤寂事实上也是一样。就在大笑的同时，会发觉陷入孤寂漩涡中的自己真的很蠢，而占据内心的孤寂感也会因此被融化掉。

另外一个方法就是下定决心——“今天要笑！”然后确实付诸行动。

---

*　摔跤选手及健身教练。

在日常生活中，其实有很多“只要我们想笑就笑得出来”的事。只要像女高中生那样连筷子掉下去也会发笑，把任何事情都想得很有趣就行了。

只要决定“笑”，不需理由就能笑得出来。只要一开始笑，就会笑个不停，甚至连不是那么有趣的事，都会笑到不能自已。

我的某位朋友说，他只要一感到“好寂寞喔！今天笑得不够！”就会跑出去买葡萄酒。因为他说，他去的那家商店里有一位不管说什么事都会哈哈大笑的店员。

“今天也很热吗？哇……哈哈哈哈！因为我都在屋内，所以不知道今天热不热！哇……哈哈哈哈！”

“哇……哈哈哈哈！我也买了一大箱。哇……哈哈哈哈！不能跟别人说喔！哇……哈哈哈哈！”

那个店员就类似是像这样，笑得非常豪爽。所以我朋友一看到那位店员，就会被他的笑声传染，感觉真的很好。

身边有能够散播欢笑的人，真的是件很棒的事。

而近年来，医疗上也认同了“笑”对身心都有很好的影响。当感到孤单寂寞，就放声大笑吧！

给“孤独”的一句话

开朗的个性远比财富来得更尊贵。

——卡内基

尽情哭泣

跟开怀大笑一样，“尽情哭泣”也是能赶走孤寂的一种方法。如果当下的心情真的笑不出来，那就干脆大哭一场吧。

一说到“哭”，或许有人会认为那样只会更悲伤、更寂寞，但事实并非如此。相反地，反而会让心情舒畅无比。

各位应该不只会在寂寞或悲伤时流泪，在高兴至极、感动万分的情况下也会哭泣。那是因为，心里快要爆发出来的思绪和眼泪一起宣泄了出来。也就是说，“尽情哭泣”也能够将内心的孤寂一扫而空。

虽然一般人不会因为感到些许寂寞就泪眼汪汪。当寂寞到双眼自然地落泪时，就让眼泪顺其自然流下来就好。但没有到这种程度，为了诱发眼泪流下，做一些“特殊准备”也是必要的。

每个人应该都有类似像“每次只要一听到这句歌词必定会哭的歌曲”“不管看几次，还是会哭得稀里哗啦的电影”“光看到书名，眼角就会湿润的书”“看了泪腺一定大开的、电视上播放的纪录片”等之类的经验。只要把这些当成小道具，让自己进入想哭的状态就可以了。

这和要让自己笑的状况相同，要哭的时候，只要决定“今天一定要哭！”然后再以大哭为目的付出行动，就会意外发现，其实“哭”也很简单。

简而言之，眼泪里也含有压力物质在内等因素，所以只要哭一哭，心情就会变好。或许，就是由于那些压力已经随着眼泪释放到体外的关系。如此看来，哭泣也能成为纾解压力的方法之一。

一个成人会觉得在人前落泪很难堪，但若独自哭泣，就无须在意谁。所以，就试着尽情大哭一场，倾泻你的孤寂吧！

享受美食

以前在看浅田次郎所写的《监狱饭店》这本小说时，不禁会拼命点头说：“嗯，嗯，没错！没错！”

故事背景是一名由黑社会人士所经营的饭店，内容非常有趣，里面有许多让人不禁“扑哧一笑”的桥段。

而我最喜欢的一句话是：“不可思议的是，任何人只要吃到好吃到爆的美食，都会笑出来。”

监狱饭店的主厨就是会做出“让人吃到会不禁笑出来的美食”的料理名人。就连已经痛苦到想要自杀的人，都能从他的料理中得到救赎。

因此，我认为，只要吃到美食，就会涌现出活下去的元气。

我们人类就是从食物中得到能量，所以不进食就不会有活力。而“美食”拥有能让这种能量提升好几倍，甚至好几十倍的力量。

当人只要因孤寂而意志消沉，就会遇到不幸、倒霉事，因而渐渐丧失活力。再加上没有食欲，元气就会加速流失，孤独力也会越来越弱。即使是日常饮食，也是食而无味。

所以，在这种情形下，选择美食会比较好喔！

“这……这是什么？怎……怎么会这么好吃！”

不管当下心情如何，都要吃这种吃了一口就会不禁睁大双眼，大声赞叹，会令自己笑出来的料理。

我的意思并不是说一定要到高级餐厅或顶级日式料理店用餐。只要一份点心，或一碗汤就够了。少量即可，只要这个部分选择上等的美食享用就好。

如此一来，原本低迷的心情就会瞬间急速上升，涌现出连自己都难以置信的元气，孤独力也会同时苏醒。像这样的美食就是“孤独力”的滋养品。

阳光下运动

整体看来，现代人都缺乏运动。许多需要体力的动作都已由机械代劳。尤其，首都圈内有着高密度的交通运输网，无论去哪里，都能轻松抵达。

到处都设有电梯或手扶梯，需要爬楼梯才能到的地方也越来越少。而随着各式电器产品登场，繁重的家务事也都变得相当轻松。这些可以让身体感到轻松、行动也更加迅速，是值得感恩的，但相对地，因此造成运动量不足也是问题所在。

日常生活中，我们所承受到的许多不同的压力，堆积在心底和脑海里所产生的疲惫感则无法消除。

身体的疲惫可以通过休息来消除，但内心或头脑里的疲劳是无法就这样简单消除的。要是不做对身体会产生压力的运动，便难以抵消这些内心或头脑里的疲劳。

内心的疲倦也是引起寂寞感的原因，所以借由运动身体来解放心灵非常重要。可能的话，在太阳底下流汗是最棒的。

阳光是生命能量的根本，只要能充分地沐浴在阳光下，就会变得很有朝气。因此，建议各位每天花三十分钟到一小时“走路”。这种程度要养成习惯应该不是难事。譬如，乘车通勤就提前一站下车；午休时间走到离公司稍远的餐厅用餐；工作外出时，时间充裕就试着绕路而行；走到离家较远的超市去购物；等等。只要稍微花点心思，就能确保拥有足够的步行时间。

而假日时，也别老是窝在被窝里睡觉。做些简单轻松的运动，慢慢地锻炼身体也不错。

周末无所事事，无法消除内心和头脑的疲倦。而且，一个人的假日更加会感到寂寞。

与其如此，不如到附近的公园散散步；外出逛街，顺便到百货公司走走晃晃；或是去健身房活动活动筋骨，这些都是健康又可以让内心变得很有活力的方法。

当身体变得舒畅，疲倦消散后，心情也会变得舒爽愉快。

据某位“最爱一个人的假日”的男性所言，周末天气好的时候，他就会带着书到东京都内各地的公园去。

他说：“在充满绿意的公园里边散步边做日光浴，感觉真的很棒。觉得有点累了，就坐在长椅上看自己喜欢的书。

“我有时候也会在家擦擦地板或玻璃窗等，做些需要消耗体力的打扫工作；又或是亲手擀荞麦面、刻意做些需要花费心思的功夫菜来享受周末。心血来潮时，也会外出爬爬山、旅游、兜风等。

“总之，只要让身体动起来，就不会有‘一个人的假日好孤单、好寂寞’的感觉。反而会觉得‘假日的时候，有充裕的个人时间，真好’！”

不要总是窝在家里，偶尔抛开一切，外出走走，在阳光下流流汗吧！

如此，孤寂也会随之退散。

给“孤独”的一句话

只有当一个人独处的时候，他才是自由的。

——叔本华

积极的话语

为了不让孤寂接近自己，最重要的就是要随时保持愉快的心情过日子。

人的身体只要一疲倦，免疫力就会降低，容易感冒。一样的道理，只要心情状况不佳，就容易罹患“孤寂症”。

如果心情很好，即使朋友突然临时取消和自己的约会，也只会想，算了！没关系！那今天就一个人静静度过一天吧！但如果刚好碰到心情有点低落时，就会觉得，他是不是讨厌我啊？连朋友都不理我，真是寂寞啊！

当然，每天都会有许多不同的压力，所以任何人都不可能随时保持绝佳的心情。但即使如此，只要稍微花点心思，就能尽量抑制沮丧扩散，让忧郁的情绪转换成幸福的感觉。

这个秘诀就是，只要拥有小幸运，就对自己说：“好幸福喔！”“好幸运喔！”而就算碰到超级讨厌的事，也要试着说：“真开心！”“太棒了！”

真的只是非常单纯的方法，只要将“好幸福”和“好开心”变成口头禅，心情就会变得不同。请务必尝试看看不断对自己说：“真的是太幸运了！”

有个女性朋友就是托这些口头禅的福，每天都能拥有愉快的心情。

据说，每当她因工作忙碌而焦躁不安，就会偷偷溜出办公室跑到顶楼去，仰望天空，深呼吸后，对着自己说：“蓝天好宽阔，心情真好，好幸福喔！”

而休息时间时，则会吃着自己最喜欢的顶级点心店的饼干，微笑说着：“好好吃喔！好幸福！”

“即使只是感到一些些小幸运的瞬间，我也都会将那份幸福感夸大，让自己更开心。像是：化了一个美美的妆、冲泡出一杯美味的咖啡、体重比前一天轻了0.5公斤、打折时买到想要买的东西、依照气象预报带伞出门结果真的遇到下雨、走到月台时火车刚好进站……对我而言，所有顺心的事都是幸福的种子。”

另外，她也养成习惯，只要一碰到不顺心的事，就会打从内心说“好开心！”接着欣然接受这些事情。

“就像是，总之先说‘好开心！’后，再开始去寻找可以变得开心的方法的那种感觉。如此一来，即使被老板骂了，也可以将那个状况想成，老板是看重我，才会训我。我得好好努力。和男朋友吵架了，也会认为是，这是我们爱情的考验。”

当然，就算换个想法，还是会有心情依然沮丧的时候。并不是说只要这么做，所有事情都能顺心如意。

但是，这样做总比一直想着“真烦！好讨厌！”更能维持比较正向积极的精神状态。

跟别人聊天时，我也常会说：“好开心！”

像是朋友约我出去玩，或者工作时，同事给我建议等时，先不管答案是“是”还是“不”，总之就先说：“好开心喔！”

当意见相左，或是别人给了不同的提案，听完之后我会加上一句说：“但如果能像这样做的话，我会更开心。”这样就能够在不让对方感到不舒服的状况下，轻松表达出自己的想法。

只要一有机会就说“好开心”，感到厌烦的事情也会渐渐变少，真的很棒。而且，每当我说“好开心！”，感觉身边的人也会跟着变得开心。

我也认为，这两句口头禅很不错。如果也能用“好开心，终于可以一个人了。终于能做自己喜欢做的事情了，真是幸福！”这个想法来面对孤寂，心情也肯定会变得开朗的，不是吗？

个人的主题曲

“一听到这首歌，就会精神百倍！”

各位有没有一首像这样属于自己的主题曲呢?

在前面我曾提到《艾莉的异想世界》这部电视连续剧。而据一位相当沉迷于这部美剧的女性说，女主角艾莉和一位男同事都听从心理咨询师的建议，找出一首属于自己的主题曲。

每当感到有些沮丧，或是稍感寂寞，就听听这首歌，或是把自己当作这首歌的原唱，边唱边跳。虽然有时心情还是无法变好，但几乎都能成功鼓舞自己。

先不谈这部戏，我个人也非常赞成选一首属于自己的主题曲的这个方法。

喜爱的棒球队的加油歌，或是摇滚歌曲、流行音乐、爵士乐……什么都好，只要打从心底想要放声大唱的歌曲，就是最适合自己的。

电视节目或电影等也都配有主题曲，选择了适合代表该作品想传达的信息的旋律及歌词，让它能够大受欢迎。

自己的主题歌也是如此，只要能够具体表现出你的生存之道，或是“想要成为这样的自己”的歌曲就可以了。

当决定好自己的主题歌，只要一听到前奏，整个人一定就会立刻挺直腰杆，情绪高涨。

跟我分享《艾莉的异想世界》的那位女性朋友，也是看了那部连续剧后，就选了冈本真夜的《明天》作为自己的主题歌。

她说：我把《明天》当作我的主题歌。“没有元气时，难过到想哭时，或是寂寞到想哭时，又或是痛苦到想哭时，总之就是想要哭泣的时候，我会唱这首歌。

“流过的眼泪会让我更坚强……我最喜欢这句歌

词。一听到这句歌词，我就会告诉自己：‘我也要变得像在柏油路上绽放的花朵一样坚强！’活力也随之涌现，一个人也不觉得寂寞，会想要做些让心情愉快的事。

“去唱卡拉OK时，我当然也会唱这首歌。每当我高举拳头，大唱这首歌时，朋友们也会一起大声附和喊着‘加油！’就会越来越有活力了。”

看来，自己的主题歌真的很有效果。读者也试着为自己找一首主题歌吧！

即使像胎儿一样缩着身体，独自一人无声地在内心不停呐喊“好寂寞喔！”那孤寂也只会继续停滞在心底。

不如听听可以让自己重振精神的主题歌，或边唱边跳，让情绪高涨起来。这样一定能够唤醒孤独力，一个人也能在瞬间重振精神。

给“孤独”的一句话

在各种孤独中间，人最怕精神上的孤独。

——巴尔扎克

参考文献

《拥有生存勇气的二〇二句话》（神边四郎　编著　双叶社）

《探索法国智慧的名言》（石井庆一　编　花神社）

《昭文世界金句名言事典》（昭文社编辑部辞典编辑课　编　昭文社）

《世界名言一〇一集》（丸山平和　著　偕成社）

《世界名言集》（岩波文库编辑部　编　岩波书局）

《世界名言·格言辞典》（墨利斯·马劳斯编　岛津智　译　东京堂出版）

《独自一人的太平洋》（堀江谦一　著　文艺春秋新社）

后记

人类从来到这世上起就是“独自一人”的。

有人说，小婴孩或许也是通过哭泣，来表现自己的柔弱，并寻求一直环抱着自己的母亲，像那样能够支持、包容自己的人。就连小婴孩都了解自己是“孤独的存在”。

随着不断成长，人类会自问“我到底是谁？为什么而活？到底该如何继续活下去？”等关于生存方式的问题，然后希望自己能够作为“个体”来自立自强。说得更深奥一点就是，为确立自己的身份而焦躁不安就是人生。

只要想到这些，应该就能够接受，孤独是理所当然的。

话说回来，就算和很多朋友或是男女朋友在一起时，人类是个体的事实依然不会改变。不是吗?

甚至，在自己身边的人越多，所感受到的孤寂只会更强烈。因此，首先得要接受，人，生来孤独，是不可动摇的事实，而那也是养成“孤独力”的原点，抓住幸福的力量也是从此涌现。

工作、恋爱、人际关系等方面都需要“孤独力”，这是能够带来幸福，也是引领我们的人生迈向成功之路的力量。